実践
コーポレート・ファイナンス

菅野正泰 ◎── 著

創 成 社

はしがき

　コーポレート・ファイナンスは，企業ファイナンス，企業金融，企業財務，あるいは経営財務とも訳されるが，本来，アメリカのビジネススクールで発展してきた学問領域である。そのため，現在刊行されている多くのテキストは，アメリカのビジネススクールで使用されている分厚い本をベースとしたものがほとんどである。

　現代の日本企業において，ファイナンスの知識がなければ，仕事に就けないかというと，必ずしもそうとはいえない。しかしながら，大企業，外資系企業，あるいはグローバル企業等の場合，ファイナンスの知識は必須といえよう。ファイナンスを習得することが，いかほどにアドバンテージを採れるか，それは自明のことである。特に，金融業界や事業会社の財務部門・経営部門で働く上では，必須の知識といえよう。

　ソフトバンクグループの孫正義社長は，自社で働く社員に必須のスキルとして備えてほしいものとして，英語，テクノロジー，統計学，そしてファイナンスを掲げている。本書を読めば，大学の学部レベルでも，コーポレート・ファイナンスを理解できるようになっている。本書で解説するファイナンスの内容を理解するために必要な統計学の基礎的事項についても解説を加えた。テクノロジーには，パソコンスキルも含まれると解するが，本書の解説を実際に自分で計算して確かめる上では，パソコンは有用な道具である。

　さて，筆者が社会に出て金融機関に勤め始めたのは，元号が平成に変わってからのことであるが，最初の職場は，いきなり，デリバティブを扱う国際部門であった。大学では，金融とはまったく縁のない理系学部に所属していたため，そもそも，おカネの勉強をしたことがなかった。就職して，おカネをキャッシュフローと呼ぶことを初めて知った。このとき，おカネの価値を「現在価値」

で測るということを知ったが，当時の日本の金融機関では，現在価値という概念は本部の一部の部門に限られていたのではないかと思う。対照的に，今では，現在価値は金融マンにとって必須のキーワードであり，アカデミックの場でも，経営・商学・経済系の学部では，知っていて当たり前の時代になっている。

　本書では，コーポレート・ファイナンスの基本概念である現在価値に基づき，債券や普通株式等の金融商品やプロジェクトが評価されることを，計算例を交えて解説する。現在価値を基礎概念とするDCF（割引キャッシュフロー）法による投資判断基準を検討することは，コーポレート・ファイナンスを理解する上では，重要かつ基本的なテーマである。また，リスクとリターン，ポートフォリオ理論といった投資に関わる事項，資本コストや資金調達手段など資金調達に関わる事項などを解説する。すべての章末に演習問題をつけ，計算が必要な章には，計算演習の問題をつけた。

　なお，本書は2分冊の1冊目の位置づけであり，株式・債券・銀行借入れによる資金調達の実際と理論，信用格付と信用リスクを内包する社債等の価値評価，財務分析，デリバティブによる財務戦略など発展事項は，2冊目に記述する予定である。

　最後に，本書の出版は，構想段階から数年が経過し，だいぶ時間を要したが，創成社の西田徹出版部課長のおかげで，ようやく出版にこぎ着けることができた。この場を借りてお礼を申し上げる。

2017年1月

菅野正泰

v

目　次

はしがき

第 1 章　コーポレート・ファイナンスの枠組み————1
第 1 節　株式会社 …………………………………………… 1
第 2 節　株式会社の特徴 …………………………………… 1
第 3 節　実物資産と金融資産 ……………………………… 2
第 4 節　財務担当者の役割 ………………………………… 3
第 5 節　エージェンシー問題 ……………………………… 4

第 2 章　現在価値————————————————6
第 1 節　キャッシュフロー ………………………………… 6
第 2 節　貨幣の時間的価値 ………………………………… 7
第 3 節　キャッシュフローの時間的価値 ………………… 8
第 4 節　利率などの用語 …………………………………… 8
第 5 節　利率表示 …………………………………………… 9
第 6 節　複利と単利 ………………………………………… 10
第 7 節　割引ファクター …………………………………… 10
第 8 節　複利計算 …………………………………………… 12
第 9 節　割引計算 …………………………………………… 13
第 10 節　現在価値 ………………………………………… 15
第 11 節　純現在価値 ……………………………………… 17

第3章 債券の価値評価 —————————18

第1節 債券価値の評価 ……………………………………… 19

第2節 年金型投資商品 ……………………………………… 20

第3節 利 付 債 …………………………………………… 22

第4節 割 引 債 …………………………………………… 22

第5節 永 久 債 …………………………………………… 23

第6節 成長型永久債 ………………………………………… 24

第7節 債券の価値評価例 …………………………………… 25

第4章 普通株式の価値評価 —————————28

第1節 市場価値と理論価値 ………………………………… 29

第2節 普通株式の価値評価 ………………………………… 30

第3節 定率成長配当割引モデルによる株主資本コストの推計

……………………………………………………………… 31

第4節 株価と1株当たりの利益との関係 ………………… 32

第5章 DCF法による投資判断基準の検討 —————34

第1節 投資回収期間 ………………………………………… 35

第2節 会計上の投資収益率 ………………………………… 36

第3節 純現在価値（NPV）………………………………… 36

第4節 内部収益率（IRR）………………………………… 37

第5節 内部収益率（IRR）と純現在価値（NPV）の比較 …… 40

第6節 資本制約 ……………………………………………… 42

第7節 純現在価値ルールの留意事項 ……………………… 43

第6章 統計の基礎とリスクおよびリターン —————47

第1節 収益率の定義 ………………………………………… 47

第2節 リターンの計算方法 ………………………………… 48

目　次　vii

第 3 節　リ ス ク …………………………………………… 50

第 4 節　統計によるリスクの定義 ……………………… 51

第 5 節　確率によるリスクの定義 ……………………… 54

第 6 節　ポートフォリオ・リスクと分散投資 ………… 57

第 7 章　統計の基礎とポートフォリオ理論 ──────63

第 1 節　ポートフォリオ理論を学ぶための統計の基礎 ……… 63

第 2 節　ハリー・マーコヴィッツのポートフォリオ理論 …… 65

第 3 節　ポートフォリオの構築 ………………………… 68

第 4 節　資本資産価格モデル（CAPM）………………… 72

第 8 章　資本コスト ─────────────────75

第 1 節　会社の資本コスト ……………………………… 75

第 2 節　プロジェクトの資本コスト …………………… 77

第 3 節　株主資本コストの推計 ………………………… 79

第 4 節　負債コストの推計 ……………………………… 87

第 5 節　資本コストの推計例 …………………………… 90

第 6 節　確実性等価 ……………………………………… 91

第 9 章　直接金融と間接金融 ─────────────95

第 1 節　企業の資金調達パターン ……………………… 95

第 2 節　直接金融と間接金融 …………………………… 96

第 3 節　普通株式 ………………………………………… 97

第 4 節　パートナーシップ ……………………………… 100

第 5 節　投資信託 ………………………………………… 101

第 6 節　優先株式 ………………………………………… 101

第 7 節　借 入 れ ………………………………………… 101

第 8 節　金融市場 ………………………………………… 103

viii

第10章 証券発行による資金調達の形態 ————————— 106
第 1 節 ベンチャー企業の発展段階 ……………………… 106
第 2 節 ベンチャー・キャピタル市場 …………………… 107
第 3 節 新規株式公開 ……………………………………… 110
第 4 節 公 募（増資）……………………………………… 114
第 5 節 株主割当増資 ……………………………………… 114
第 6 節 第三者割当増資 …………………………………… 114
第 7 節 私募と公募 ………………………………………… 115

第11章 利益還元政策 ———————————————————— 117
第 1 節 配当支払い ………………………………………… 117
第 2 節 自社株買い ………………………………………… 118

第12章 負債政策 ———————————————————————— 122
第 1 節 MM の第1命題 …………………………………… 122
第 2 節 MM の第2命題 …………………………………… 123

演習問題解答　125

参考文献　129

索　引　130

第**1**章
コーポレート・ファイナンスの枠組み

　この章では，本書で主に取り扱う企業主体としての株式会社について，その概要，実物資産と金融資産，財務担当者，およびエージェンシー問題について解説する。

第1節　株式会社

　日本には，会社と個人事業所を合わせた企業は 409 万 8,000 社（2014 年経済センサス−基礎調査）あり，そのうち株式会社は，約 200 万社弱（2016 年 11 月現在，国税庁法人番号システムのデータによる）あるとされ，代表的な会社形態である。

　株式会社とは一種の法的な主体であり，法律上は，株主によって所有されている法人を指す。法人として契約し，事業を実施し，資金を貸借することができる。また，税金を払うが，選挙で投票することはできない。

　世の中の事業主体には，株式会社以外にも，個人企業，合同会社（LLC）（例：西友やアップルジャパン），有限責任事業組合（LLP），合名会社，合資会社，パートナーシップ（海外で見られる事業主体。日本の有限責任事業組合，合名会社，あるいは合資会社に類似するものが存在）などがある。本書では，主に株式会社を対象として，その**ファイナンシャル・マネジメント**の手法を扱う。

第2節　株式会社の特徴

　株式会社の設立時は，会社の経営陣や何人かの支援者といった小規模の集団によってその株式は保有されるが，非公開である。ここで，公開・非公開について説明する。**公開会社**とは，その会社の発行する株式の種類の全部または一部が，譲渡自由な株式会社を指す。一方，**非公開会社**は，定款上，すべての種類の株式について譲渡制限が付けられている株式会社を指し，**株式譲渡制限会**

2

社ともいう。公開会社の株主は，会社を所有するが経営は行わず，公開会社では所有と経営の分離が行われている。

　また，株式会社は有限責任であり，その所有する株式の出資額を超えて，会社の損失や債務につき会社の債権者に対して責任を負わないことをいう。もし，株主が出資額以上の責任を負うことになれば，所有と経営の分離が成立しなくなるのである。

　これに対して，無限責任では，出資対象の企業等が多額の債務を抱えるなどして倒産した場合に，出資者が出資額の全額回収を諦め，さらには，個人の私財を投げ打ってでもその出資対象企業等の債務を弁済しなければならない。無限責任を負う例には，合資会社の無限責任社員，合名会社の社員，民法上の組合員が挙げられる。また，監査法人の社員は，無限責任を負い，合名会社に近似する法人形態をとる。ここでいう社員は，いずれもヒラ社員ではなく，出資者兼（共同）経営者を意味する。

　参考までに，監査法人は，企業や個人の税務や経理を取り扱う会計事務所と異なり，企業や団体などの決算書の内容をチェックする監査に特化している。監査法人の経営は，「社員」と呼ばれる5名以上の公認会計士で構成され，損害賠償請求訴訟等により，監査法人の財産で，その債務を完済することができないときは，各社員は連帯してその弁済に無限責任を負うとされている。ただし，最近では，各社員が自身の関与していない業務まで相互に監視することが困難となってきたため，2004年4月に指定社員制度が導入され，法人と連帯して無限連帯責任を負う社員を法人の指定する監査証明業務を行う社員に限定することができるようになった。また，2008年4月からは「有限責任監査法人」と呼ばれる新たな責任形態の監査法人制度が導入された。有限責任監査法人の場合，無限責任を負う業務執行責任社員は無限責任の負担を要する規定が残されており，すべての業務において有限責任である合同会社とは大きく異なる。

第3節　実物資産と金融資産

　会社の貸借対照表すなわちバランスシート（B／S）は，資産の部，負債の部，

および純資産の部から構成される。資産の部は，**実物資産**と**金融資産**からなる。

実物資産とは，その多くが機械，工場やオフィスのように有形のもの（有形資産）を指す。実物資産には，その他に，技術上の専門知識や商標，特許，また映画，アニメなどのコンテンツのように無形のもの（無形資産）もある。どの実物資産へ投資するかは，コーポレート・ファイナンス上は，「投資の決定」に関わる事項，すなわち，会社のバランスシート上にどのような資産を保有するかという問題に帰着される。

一方，金融資産は，実物資産とそれが生み出す現金に対する請求権であり，現預金や有価証券などが該当する。したがって，コーポレート・ファイナンス上は，事業会社が投資のために資金調達を行う際に使用する手段である。

第4節　財務担当者の役割

会社がプロジェクト投資を行う際，どのような事業に投資をするかという「投資の決定」と，その事業に投資をするための「資金調達の決定」は，典型的には分離して行われ，その決定のために両者は独立に分析される（図1－1参照）。

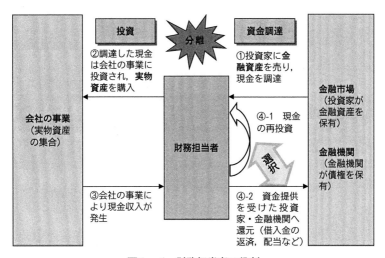

図1－1　財務担当者の役割

4

その仕事の流れを説明すると，①財務担当者は，投資家に株式や債券などの金融資産を売り，あるいは金融機関から借入れ，現金を調達する，②調達した現金は，会社の事業に投資され，工場やオフィス，設備などの実物資産が購入される，③会社の事業により，現金収入が発生し，④－1現金を再投資するか，④－2資金提供を受けた投資家や金融機関に還元する。還元方法として，株主への配当や金融機関への借入金の返済の形式をとる。しかしながら，2つの決定問題は分離されたものであっても，株主価値（株主が会社に投資した資金）を最大化することがコーポレート・ファイナンスの基本的な役割である。

　ここで，会社における財務担当者とは，投資あるいは資金調達の決定に責任を持つ人を指す。一般に，財務担当者は，大企業では，財務部に読み替えることができる。財務部では，財務部長が長を務め，短期の現金管理，資本調達，銀行や株主，投資家との関係維持に責任を持つ。規模の小さな会社では，財務部は必ずしも存在せず，財務課等の部内組織あるいは一担当者が該当する。

　一方，大企業には，経理部が存在し，財務部と分けて設置されている。その長である経理部長は，財務諸表の作成，会計，税務に責任を持つ。

　大企業では，更に，財務部と経理部を統括する**最高財務責任者（CFO）**が設置されている。財務部と経理部の両部署を監督し，財務の運営方針および経営企画に深く関与する役割を持つ。

第5節　エージェンシー問題

　公開企業は，「会社法」上は，定款で「株数に関係なく，譲渡制限がなく，自由に株式を譲渡できる株式を発行できる」と定めている株式会社を指す。株式公開に際して，以前は取引所市場とは異なる店頭登録市場という市場があったが，現在は店頭市場も東証 JASDAQ という証券取引所になったため，店頭市場での株式公開は上場を意味するようになった。なお，上場企業とは，株式が証券取引所で上場され，投資家に購入される企業を指す。これに対して，非公開企業の株式は上場されず，投資家は購入できない。

　公開企業（上場企業）では，所有と経営の分離が行われていることは前に述

べた通りであるが，特に上場企業の太宗を占める大企業では，そもそも両者を分離せざるを得ない事情がある。主要企業では，何十万人もの株主が経営に参加するのは，事実上困難である。例えば，トヨタ自動車の株主は，68万名強（2016年3月末現在）おり，これだけ多数の株主が当社の経営にあたることは事実上不可能である。

所有と経営の分離によって生じる問題が，**エージェンシー問題（プリンシパル・エージェント問題）**である。一般に，株主と経営者は異なる目的を持つため，**依頼人（プリンシパル）**である株主と**代理人（エージェント）**である経営者の間に対立が生じる構図である。

エージェンシー問題に伴うコストが**エージェンシー・コスト**であり，このコストは，経営者が企業価値を最大化しようと努めないとき，株主が経営者を監視し，その行動に影響を与えるために費用を負担するときに発生する。なお，個人企業やオーナー経営の場合，株主と経営者が同一人となるため，コストは発生しない。

─────────── 演 習 問 題 ───────────

1.1　次の各文は株式会社について説明したものである。各文中のaからdに当てはまる最適な語句を解答しなさい。
- （ a ）会社とは，その会社の発行する株式の種類の全部または一部が，譲渡自由な株式会社を指す。一方，（ b ）会社は，定款上，すべての種類の株式について譲渡制限が付けられている株式会社を指す。
- 株式会社は（ c ）であり，その所有する株式の出資額を超えて，会社の損失や債務につき会社の債権者に対して責任を負わない。これに対して，（ d ）では，出資対象の企業等が倒産した場合に，出資者が出資額の全額回収を諦め，さらには，個人の私財を投げ打ってでもその出資対象企業等の債務を弁済しなければならない。

第2章 現在価値

　この章では，コーポレート・ファイナンスの議論の中心であるキャッシュフローについて，その現在価値の求め方について解説する。

第1節　キャッシュフロー

　コーポレート・ファイナンスは，企業の資金の流れを扱う分野である。ここで，資金の流れを「**キャッシュフロー**」(cash flow)という。キャッシュフローのうち，企業に入って来るものを「**キャッシュ・インフロー**」(cash inflow)，企業から出ていくものを「**キャッシュ・アウトフロー**」(cash outflow)と区別して呼ぶ場合があるが，通常は，両者を区別しないでキャッシュフローと呼ぶ。キャッシュフローの出入りを表す図を，**キャッシュフロー・ダイアグラム**といい，横軸は時間軸である（図2-1参照）。

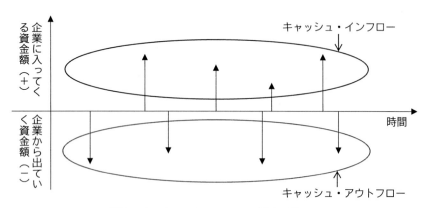

図2-1　キャッシュフロー・ダイアグラム

第2節　貨幣の時間的価値

　ファイナンスの世界では，貨幣は時間によって価値が異なる。つまり，「現在の価値」と「将来の価値」は等しくない。この点が，日常生活における一般常識とは異なる点である。それでは，どちらの方が，価値があるのであろうか。そこで，以下のような2択の問題を考える。

【問題】今日の1万円と1年後の1万円では，どちらの価値があるか？

図2-2　今日の1万円と1年後の1万円の価値の比較

　解答は，「今日の1万円」である。なぜか理由を考えてみると，以下のように，いくつかの理由が考えられる。

【理由その1】ファイナンスの世界には，「タンス預金」はあり得ない。つまり，おカネが入ってきたならば，そのおカネはタンスにしまっておくのではなく，すぐさま銀行預金等で運用する必要があり，その結果，利息が付くためである。いいかえると，1年間おカネの受け取りを待つということは，その間に諦めた投資の収益率に等しい機会費用が発生するためである。ここで，投資の機会費用とは，次善（セカンドベスト）の代替案から得られる収益率を指す。

【理由その2】1年先は不確実であるので，確実に今日1万円をもらう方が，価値があるといえるため。

【理由その3】インフレーションにより，今日の1万円と比べて，将来の1万円の購買力は減少するため。

第3節　キャッシュフローの時間的価値

　キャッシュフロー，すなわちおカネの価値は，貨幣の時間的価値の考え方に従って評価される。すなわち，キャッシュフローは，時間によって価値が異なり，キャッシュフローの発生する時点と評価する時点の差が大きければ大きいほど，両者の時間的価値の差は大きくなる。

　コーポレート・ファイナンスでは，さまざまな評価対象の価値を求めるが，突き詰めると，評価対象を構成するキャッシュフローの時間的価値の総和を求めることに他ならない。主な評価対象には，以下のものが挙げられる。

◆金融商品の価値

　債券，株式など金融商品の価値は，金融商品を構成するキャッシュフローの時間的価値の総和である。

◆プロジェクトの価値

　企業が行う各種の投資プロジェクトの価値は，プロジェクトを構成するキャッシュフローの時間的価値の総和である。

◆企業価値

　企業価値は，企業が保有する金融商品やプロジェクトなどの資産価値の総和である。

第4節　利率などの用語

　キャッシュフローの時間的価値を評価するための道具として，利率というものが必要である。利率には，いくつか種類があり，それぞれが何を意味するのか確認することは重要である。ここで，それぞれの金融用語の意味をおさらいしよう。

◆利子（interest：イントレスト）

　貸借した金銭などに対して，ある一定の割合で支払われる「金額」を指す。

◆利（子）率（interest rate：イントレスト・レート）

　元本に対する1年間の利子の「割合」を指す。

第2章　現在価値　9

◆利回り（yield：イールド）

投資金額に対する1年間の利子の「割合」を指す。

◆金利（interest or interest rate）

利子，利率，あるいは利回りのいずれの意味でも使われる。

◆利息（interest）

通常，「利子」と同じ意味で使われる。

借りた場合に支払うものを「利子」，貸した場合に受け取るものを「利息」と使い分けることがある。参考までに，銀行預金では「利息」，郵便貯金では「利子」と呼び，法律用語としては，「利息」を用いるのが通常である。

以上を整理すると，表2-2のようになる。

表2-2　利率などの表示形式

表示形式	割合（％）	金額（通貨単位：円など）
該当するもの	利(子)率 利回り 金　利	利　子 金　利 利　息

第5節　利率表示

利率（利回り，金利）を考える場合，表示単位を認識することが重要である。通常，以下の2通りのいずれかが使用される。

◆年　利

元本に対する1年間の利息の割合（％）をいう。

◆月　利

元本に対する1ヶ月の利息の割合（％）をいう。

$$月利（％）＝\frac{年利（％）}{12}$$

利子（金利，利息）を計算する際は，表示単位を合わせないと，正しい結果が得られない。年利から月利への変換は，以下の例を参考にされたい。

10

例 年利率＝18％の場合，月利率＝$\dfrac{18}{12}$＝1.5％

【参考】参考までに，日歩（「ひぶ」と読む）という表示単位について説明する。日歩は，元金100円に対する1日当たりの利息で金利を表したものであるが，コーポレート・ファイナンスでは，通常使われない。

第6節　複利と単利

　金利には複利と単利がある。複利の場合，利子は再投資されて，さらに利子を生む。これに対して，単利の場合，利子は再投資されず，当初の元本残高に対してのみ利子が付く。

　表2－3および図2－3は，100円を10年間，複利と単利でそれぞれ投資した例である。同じ年利10％であっても，複利で投資した場合，毎年の期首残高に前年に生じる利子が組み入れられて，利子が利子を生む。その結果，10年後には単利との差は，実に59円の差となり，年平均の年率で比較すると，単利の場合が10％であるのに対して，複利の場合は15.9％になる。

　また，銀行の定期預金には，単利のものと複利のものとがあるので，同じ金利表示であれば，満期に受け取れる金額は複利の方が大きくなる点に注意したい。

第7節　割引ファクター

　割引ファクターは，ディスカウント・ファクター（Discount Factor）ともいい，「将来価値を現在価値に換算するための乗数」と定義され，割引率を使って表される。1年間の割引率をrとすると，n年間の割引ファクターDF_nの公式は，前述の割引計算の議論を踏まえ，次式のようになる。

　　公式：$DF_n = \dfrac{1}{(1+r)^n}$

表2-3 複利と単利の比較

年	期首の残高 〈単利〉	利子	期末の残高	期首の残高 〈複利〉	利子	期末の残高
1	100	10	110	100	10	110
2	110	10	120	110	11	121
3	120	10	130	121	12	133
4	130	10	140	133	13	146
5	140	10	150	146	15	161
6	150	10	160	161	16	177
7	160	10	170	177	18	195
8	170	10	180	195	19	214
9	180	10	190	214	21	236
10	190	10	200	236	24	259

複利の方が，利子が再投資されるため，各期末残高が大きくなる。

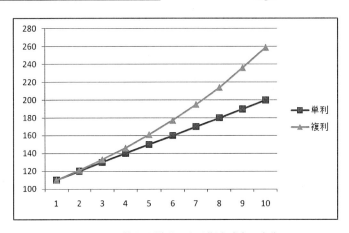

図2-3 複利と単利による期末残高の変化

12

計算例 割引率 r を年利 8 ％（＝0.08）とすると，

- 1 年間（$n=1$）の割引ファクター$=\dfrac{1}{1+r}=\dfrac{1}{1.08}=0.926$

- 2 年間（$n=2$）の割引ファクター$=\dfrac{1}{(1+r)^2}=\dfrac{1}{1.08^2}=0.857$

- 10 年間（$n=10$）の割引ファクター$=\dfrac{1}{(1+r)^{10}}=\dfrac{1}{1.08^{10}}=0.463$

となる。

＜閑話休題＞

　昔，1980 年以前に郵便貯金（定額貯金）の金利が預入期間 10 年で 8 ％になったことがある。10 万円を 8 ％で預けると，10 万円/0.463＝約 21.6 万円と，2 倍以上の金額になったことがわかる。ここで，0.463 は上の計算例で求めた 10 年間の割引ファクターである。2016 年 11 月 7 日現在，預入期間 10 年（3 年以上）の定額貯金金利は 0.010％となっており，実に 800 分の 1 まで下がっていることになる。

第 8 節　複利計算

　キャッシュフローの時間的価値を求める最初の段階として，キャッシュフローの「**将来価値**」（Future Value）を求めるための計算方法である**複利計算**について解説する。

　図 2 － 4 は，2 年間の複利計算の例を示したものである。ここで，年利率 r を 10％とする。

　最初に，1 年間の複利計算を行う。現時点で元本 1 万円を 1 年定期預金で運用する。1 年後には，元本 1 万円に利息が，

　　1 万円×10％/1 年×1 年＝1,000 円

付いて償還され，合計 1.1 万円（＝$(1+r)$万円）になる。

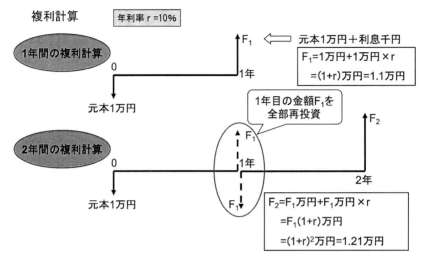

図2－4　複利計算の例

　次に，2年間の複利計算を行う。1年目までは，1年間の複利計算と同じである。1年目から2年目までの1年間は，最初の1年間の運用で得られる 1.1 万円を償還することなく，全額元本として再投資する。2年目には，元本 1.1 万円に利息が，

　　1.1 万円×10%/1 年×1 年＝1,100 円

付いて償還され，合計 1.21 万円（＝$(1+r)^2$ 万円）になる。

　こうした計算を繰り返すと，一般に，n 年間の複利計算では，n 年目に $(1+r)^n$ 万円となることがわかる（証明省略）。

第9節　割引計算

　複利計算とは逆に，キャッシュフローの「**現在価値**」（Present Value）を求めるための計算方法を**割引計算**という。

　図2－5は，2年間の複利計算の例を示したものである。ここで，年利率 r を 10%とする。

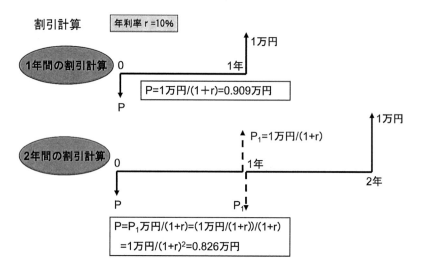

図2−5 割引計算の例

　最初に，1年間の割引計算を行う。1年後に金額が1万円と「確定」しているキャッシュフローの現在価値を求める。先ほどの複利計算では，1万円を1年間運用したら，1年後には，元本と利息の合計は1.1万円（$=(1+r)$万円）になった。これより，1万円を$(1+r)$で割った$1/(1+r)$万円は，1年後に1万円になることがわかる。つまり，1年後の1万円の時点0における価値，すなわち現在価値は$1/(1+r)=0.909$万円となる。

　次に，2年間の割引計算を行う。まず，2年後に金額が1万円と「確定」しているキャッシュフローの1年目の価値を求める作業は，1年間の割引計算と同じであり，1年目の価値は，$1/(1+r)=0.909$万円となる。今度は，$1/(1+r)=0.909$万円の時点0における価値，すなわち現在価値を求めるには，この金額を$(1+r)$で割れば良い。結果として，$1/(1+r)^2=0.826$万円となる。

　こうした計算を繰り返すと，一般に，n年間の割引計算では，n年後の1万円の時点0における価値，すなわち現在価値は，$1/(1+r)^n$万円となることがわかる（証明省略）。

第10節　現在価値

　金融商品やプロジェクトなどの評価を行う際，各キャッシュフローに，その時点の割引率を掛けて合計したものが，その商品やプロジェクトの**現在価値**(Present Value: PV) となる。

　このとき，商品あるいはプロジェクトの現在価値（PV）は次式の通りである。

$$PV = \sum_{t=1}^{T} \frac{C_t}{(1+r)^t} = \frac{C_1}{(1+r)^1} + \frac{C_2}{(1+r)^2} + \cdots + \frac{C_T}{(1+r)^T}$$

ここで，C_t：t年後のキャッシュフロー，r：割引率，T：期間（年）である。

　割引率 r は，「**投資家の要求収益率**」「**ハードルレート**（hurdle rate）」「**資本の機会費用**（opportunity cost of capital）」とさまざまに呼ばれる。投資家の要求収益率は，期待収益率（期待リターン）とも呼ばれ，投資家がある資産について，将来にわたる運用から獲得することが期待できる平均的な収益率（リターン）のことをいう。ハードルレートは，最低限必要とされる利回りをいう。また，資本の機会費用とは，事業プロジェクトに投資することにより，資本市場で株・債券などの証券に投資することを諦める収益率を意味する。

　図２－６は，実際のキャッシュフロー・ダイアグラムと，実際のキャッシュフローの現在価値の合計額が等価となるようなキャッシュフロー１本だけを描いたキャッシュフロー・ダイアグラムを表す。

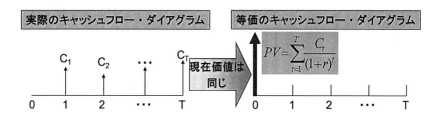

図２－６　等価なキャッシュフロー・ダイアグラム

【補足】文科系の大学生等の読者には，ギリシャ文字（記号）にアレルギーのある人も多いが，何も驚くことはない。ファイナンスでは，よく，Σ（シグマと呼ぶ）という記号を使うので慣れておこう。この記号は足し算を表す。

$$\sum_{t=1}^{T} C_t = C_1 + C_2 + \cdots + C_T$$

左辺は，$t=1, 2, \cdots, T$ を C_T に代入したもの $C_1, C_2, \cdots, C_T$ をすべて足すという意味であり，すなわち，右辺のようになる。

計算例 1年後および2年後のキャッシュフローを，それぞれ，$C_1=100$ 円，$C_2=200$ 円とする。また，1年間および2年間の割引率を $r=6\%$ とする。

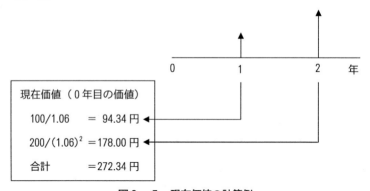

図2-7 現在価値の計算例

このとき，現時点から1年後のキャッシュフロー $C_1=100$ 円の現在価値は，

$$PV_1 = DF_1 \times C_1 = \frac{C_1}{1+r} = \frac{100}{1.06} = 94.34 \text{ 円}$$

となる。また，現時点から2年後のキャッシュフロー $C_2=200$ 円の現在価値は，

$$PV_2 = DF_2 \times C_2 = \frac{C_2}{(1+r)^2} = \frac{200}{1.06^2} = 178.00 \text{ 円}$$

となる。合計すると，272.34円となる（図2－7参照）。

第11節　純現在価値

　純現在価値（Net Present Value: NPV）は，プロジェクト投資等において，プロジェクト等の価値が投資額を上回る価値があるかどうかを見るために使用される指標である。純現在価値は，現在価値（PV）から必要な投資額を差し引くことによって求めることができ，正味現在価値とも呼ばれる。

　純現在価値の公式は以下の通りである。

$$NPV = 将来キャッシュフローの現在価値（PV）＋必要な投資額（C_0）$$

ここで，C_0 は投資であるので，通常は負の値をとる。

計算例　ある会社の工場の現在価値が50億円，投資額45億円のとき，純現在価値は次式のようになる。

$$NPV = 50 - 45 = 5 億円$$

─────────── 演 習 問 題 ───────────

2.1　年率8％で1年複利の3年満期の定期預金に100万円を預けた場合，満期には元利合計でいくらになるか。

2.2　年率10％で複利により1年ごとに利息の付く定期預金に2年間100万円預けたとき，2年後に受け取れる金額は何万円か。

2.3　5年間の割引ファクターが0.8であるとき，現在の百万円は，5年後にいくらになるか。

2.4　1年後に払われる150円の現在価値が120円である場合，1年の割引ファクターはいくらか。また，割引率はいくらか。

第3章
債券の価値評価

　この章では，現在価値の評価例として，債券を採り上げる。債券とは，国や会社がおカネを借りるために発行する借用証書である。かつて，債券証書は紙であったが，現在では，電子化（ペーパーレス化）されている。

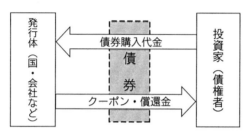

図3−1　債券の仕組み

　債券は，発行体である国や会社が，債券市場で投資家に債券を発行することで資金調達を行う有価証券である。投資家は，購入代金を払い込むことで債券を購入し，当該会社の債権者となる。発行体は，定期的（半年ごとあるいは1年ごと）に，投資家に利息に相当するクーポンを支払い，また，償還時（満期）

図3−2　ペーパーレス化される前の社債の券面イメージ

には償還金を返還する。

ペーパーレス化される前は、債券は図3－2のように紙で発行されていた。図3－2は後述の利付債であるが、上部が「本券」で、下部に「利札（クーポン）」が付いている。債券の現物を保有している場合、投資家は利払い日に利札を切り取って、その利札と交換に利息を受け取る。

会社が債券を発行して資金調達を行うことは、会社のバランスシート上では、図3－3の負債を発行することに相当する。

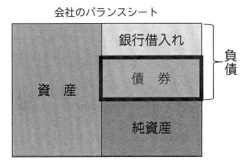

図3－3　会社のバランスシートにおける債券

第1節　債券価値の評価

債券の価値には2種類存在する。まず、一般に、取引所に上場されている債券には、**市場価値（価格）** が付けられる。例えば、日本経済新聞の債券価格欄を参照すると（図3－4参照）、さまざまな債券の市場価格が日々掲載されている。ただし、非上場の場合あるいは上場されていても取引の薄い場合などは、市場価格が存在しない場合が多い。

一方、コーポレート・ファイナンスでは、企業が債券を発行して資金調達を行うとき、あるいは投資するとき、市場価格の有無如何を問わず、債券価値を知る必要がある。そのため、債券の価値評価を行うことは重要である。債券の価値評価では、債券を構成するキャッシュフローの現在価値から、**理論価値（価格）** を計算する。

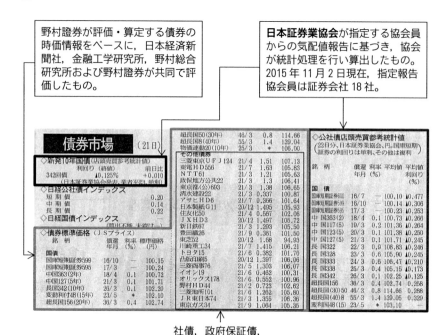

図 3 − 4　債券の市場価値（価格）
出所：2016 年 4 月 22 日付日本経済新聞朝刊より抜粋。

第 2 節　年金型投資商品

　年金型投資商品とは，特定の期間，毎年（毎回）一定額の支払いが行われる資産を総称していう。例として，「元利均等返済の住宅ローン」や「割賦契約」などが挙げられる。元利均等返済とは，元金と利息を合わせた毎月の支払額を均等に支払う方式をいう。

　満期 n 年の年金型投資商品の現在価値を PV，割引率（年率）を r，毎年のキャッシュフローを C とすると，PV は以下の公式で表される。

$$公式：PV = C\left(\frac{1}{r} - \frac{1}{r(1+r)^n}\right)$$

図3-5　年金型投資商品のキャッシュフロー

　参考までに，右辺の括弧内の式，すなわち，

$$\frac{1}{r} - \frac{1}{r(1+r)^n}$$

を**年金現価率**※といい，n 期間の各期末に1円ずつ支払いが行われる場合の割引率 r での現在価値を表す。

【**公式の導出**】参考までに公式を導出しておく。PV は以下の式で表される。

$$PV = \frac{C}{1+r}\left(1 + \frac{1}{1+r} + \frac{1}{(1+r)^2} + \cdots + \frac{1}{(1+r)^{n-1}}\right)$$

この式の両辺に $\dfrac{1}{1+r}$ を掛けると，

$$\frac{1}{1+r}PV = \frac{C}{1+r}\left(\frac{1}{1+r} + \frac{1}{(1+r)^2} + \cdots + \frac{1}{(1+r)^n}\right)$$

となる。上の式の両辺から下の式の両辺をそれぞれ引くと，

$$PV\left(1 - \frac{1}{1+r}\right) = \frac{C}{1+r}\left(1 - \frac{1}{(1+r)^n}\right)$$

となり，これを整理すると公式が得られる。

※ファイナンシャル・プランニングの分野では，**年金現価係数**と呼ばれており，期間 n（縦軸）と金利 r（横軸）から構成される早見表が利用されている。

第3節 利付債

利付債は**クーポン債**ともいい，最も一般的な債券である。利付債の発行体（企業，国，あるいは地方自治体）は，債券保有者に対して，毎年一定の利払い（クーポンの支払い）を行う。満期には，額面金額を元本として投資家に支払う。これを**償還**するという（図3－6参照）。

満期 n 年の利付債の現在価値を PV，割引率（年率）を r，クーポンを C，元本を P とすると，PV は次の公式で表される。PV はクーポンの現在価値と元本の現在価値の和として表される。

$$公式：PV = \frac{C}{1+r} + \frac{C}{(1+r)^2} + \cdots + \frac{C}{(1+r)^n} + \frac{P}{(1+r)^n}$$

$$= \underbrace{\frac{C}{r}\left[1 - \frac{1}{(1+r)^n}\right]}_{クーポンの現在価値} + \underbrace{\frac{P}{(1+r)^n}}_{元本の現在価値}$$

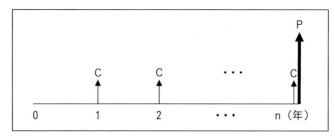

図3－6　利付債のキャッシュフロー

第4節 割引債

割引債は**ゼロクーポン債**ともいい，期中の支払いを伴わない（クーポンがゼロ）債券で，キャッシュフローは，満期の額面償還だけである。したがって，額面より低い価格で割り引かれて発行される（図3－7参照）。

満期 n 年の割引債の現在価値を PV，割引率（年率）を r，額面を F とすると，PV は以下の公式で表される。

$$公式：PV = \frac{F}{(1+r)^n}$$

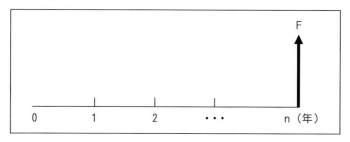

図 3-7 割引債のキャッシュフロー

第 5 節　永 久 債

永久債は元本の償還期限はないが，毎年一定額のクーポンを永久に払い続ける債券である。永久債の例として，イギリスのコンソル公債が挙げられる。

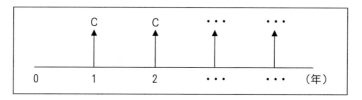

図 3-8 永久債のキャッシュフロー

永久債の現在価値を PV，割引率（年率）を r，クーポンを C とすると，PV は以下の公式で表される。

公式：$PV = \dfrac{C}{r}$

【公式の導出】参考までに公式を導出しておく。PV は以下の式で表される。

$$PV = \frac{C}{1+r} + \frac{C}{(1+r)^2} + \frac{C}{(1+r)^3} + \cdots$$

この式の両辺に $\dfrac{1}{1+r}$ を掛けると，

$$\frac{1}{1+r}PV = \frac{C}{(1+r)^2} + \frac{C}{(1+r)^3} + \frac{C}{(1+r)^4} + \cdots$$

となる。上の式の両辺から下の式の両辺をそれぞれ引くと，

$$PV\left(1-\frac{1}{1+r}\right)=\frac{C}{1+r} \quad \therefore PV=\frac{C}{r}$$

となる。

第6節　成長型永久債

　成長型永久債は支払額が一定の上昇率（g）によって増えるタイプの永久債である。

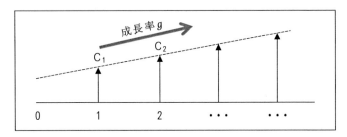

図3－9　成長型永久債のキャッシュフロー

　成長型永久債の現在価値を PV，割引率を r，1年目のクーポンを C_1 とすると，PV は以下の公式で表される。

$$公式：PV=\frac{C_1}{r-g}$$

このタイプでは，クーポンの値は1年目だけわかれば良い。また，クーポンが g で成長しているため，その分だけ分母の値が小さくなり，同じ条件の永久債より価値が大きくなる。

【公式の導出】参考までに公式を導出しておく。PV は，$C_2=C_1(1+g)$，$C_3=C_2(1+g)=C_1(1+g)^2$，… を代入すると，次式で表される。

$$PV=\frac{C_1}{1+r}+\frac{C_2}{(1+r)^2}+\frac{C_3}{(1+r)^3}+\cdots=\frac{C_1}{1+r}+\frac{C_1(1+g)}{(1+r)^2}+\frac{C_1(1+g)^2}{(1+r)^3}+\cdots$$

この式の各辺に $\dfrac{1}{1+r}$ を掛けると，

$$\frac{1+g}{1+r}PV=\frac{C_1(1+g)}{(1+r)^2}+\frac{C_1(1+g)^2}{(1+r)^3}+\cdots$$

となる。上の式の両辺から下の式の両辺をそれぞれ引くと,

$$PV\left(1-\frac{1+g}{1+r}\right)=\frac{C_1}{1+r} \quad \therefore PV=\frac{C_1}{r-g}$$

が得られる。

第7節　債券の価値評価例

　これまで学んだ債券商品で代表的なものについて,その価値評価例を2種類採り上げることにする。

例　以下の条件の日本国債の理論価値を評価する

・長期国債（期間10年）

・満　　期：2015年12月

・クーポン：5%

・購入時点：2010年12月（発行から5年経過,残存期間5年）

・額面100円で1単位購入

・割引率として3%を使用する。

キャッシュフロー（CF）　単位：円

No.	1	2	3	4	5
年	2011	2012	2013	2014	2015
CF	5	5	5	5	105

2つの方法で計算してみる。

◆解法1：キャッシュフローをすべて3%で割り引いて地道に計算してみる。

$$PV=\frac{5}{(1+0.03)^1}+\frac{5}{(1+0.03)^2}+\frac{5}{(1+0.03)^3}+\frac{5}{(1+0.03)^4}+\frac{105}{(1+0.03)^5}$$

$$=109.16円$$

◆解法2：年金型投資商品の公式をクーポン部分の評価に適用して計算する。

$$PV = 5\left[\frac{1}{0.03} - \frac{1}{0.03 \times 1.03^5}\right] + \frac{100}{(1+0.03)^5} = 109.16 円$$

例 以下の条件の住宅ローンについて、ローン借入者の「毎月の返済額 C」を求める

- 借 入 額：20 百万円
- 借入期間：30 年
- 借入金利：毎月 1 ％
- 毎月均等額の返済（元利均等返済）

「毎月の支払額 C の現在価値の合計＝住宅ローンの借入額」になることに注意すると、

$$\underbrace{PV}_{\text{借入額}} = \underbrace{C}_{\text{毎月の支払額}} \underbrace{\left(\frac{1}{r} - \frac{1}{r(1+r)^n}\right)}_{\text{年金現価率}}$$

の公式より、

借入額（20百万円）＝（毎月の支払額）×（360ヵ月の年金現価率）

が成立する。ここで、30年＝360ヵ月、1％＝0.01に注意すると、360ヵ月の年金現価率は、

$$\text{年金現価率} = \frac{1}{0.01} - \frac{1}{0.01 \times 1.01^{360}} = 97.218$$

となる。よって、

$$\text{毎月の支払額 } C = \frac{20 \text{ 百万円}}{97.218} = 20.57 \text{ 万円}$$

となる。

第 3 章　債券の価値評価　27

━━━━━━━━━━━━━━　演 習 問 題　━━━━━━━━━━━━━━

3.1　満期 2 年，元本 1 万円，クーポンを 1 年ごとに 5 ％支払う利付債の現在価値を，
　　　割引率を年率 5 ％として求めなさい。

3.2　金利を年率 5 ％とするとき，永久に年 1 回，1 万円を支払う債券の現在価値を万
　　　円単位で求めなさい。

3.3　以下の問題では，金利を年率 10％とする。
　　　（1）永久に年 1 万円を支払う資産の現在価値はいくらか。
　　　（2）年率 10％で増える資産の価値は 7 年で約何倍になるか，「整数」で答えな
　　　　　さい。
　　　（3）8 年目から永久に 1 万円を受け取れる資産のおおよその現在価値はいくら
　　　　　か。（1）と（2）の結果を使うと良い。
　　　（4）ある賃貸マンションの一室は，年率 2 ％で成長する家賃収入を家主にもた
　　　　　らす。1 年目の家賃収入が 2 百万円のとき，この部屋の資産価値はいくら
　　　　　か。

3.4　年金現価率（年金現価係数）の早見表を作成しなさい。

第4章
普通株式の価値評価

　この章では，現在価値の評価例として，普通株式を採り上げる。普通株式は，株式会社が資金調達のために発行する最も一般的な株式であり，株主に与えられる権利は一切限定されていない。かつて紙でできていた株券は，現在では，電子化（ペーパーレス化）されている。

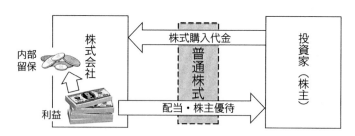

(*) 利益＝内部留保＋配当（株主優待）

図4－1　普通株式の仕組み

　会社が普通株式を発行して資金調達を行うことは，会社のバランスシート上では，図4－2の自己資本を発行することに相当する。

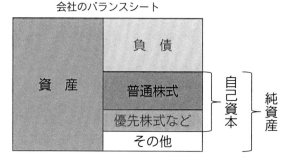

図4－2　会社のバランスシートにおける普通株式

第1節 市場価値と理論価値

　一般に，取引所に上場されている普通株式には，**市場価値（価格）**が付けられる。例えば，日本経済新聞の株価欄を参照すると（図4－3参照），さまざまな企業の株価が日々掲載されている。非上場の場合，あるいは上場されていても取引の薄い場合など，市場価格が存在しない場合がある。

　一方，コーポレート・ファイナンスでは，企業が普通株式を発行して資金調達を行うとき，あるいは投資するとき，それらを価値評価することが必要である。価値評価では，普通株式を構成するキャッシュフロー（配当）の現在価値から，**理論価値（価格）**を計算する。

　株式は，日々取引所で取引されており，日々の株価の値動きは始値（はじめね），高値（たかね），安値（やすね），および終値（おわりね）の4本値で表され

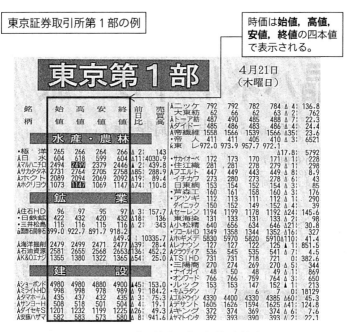

図4－3　普通株式の市場価値（時価）

出所：2016年4月22日付日本経済新聞朝刊より一部抜粋。

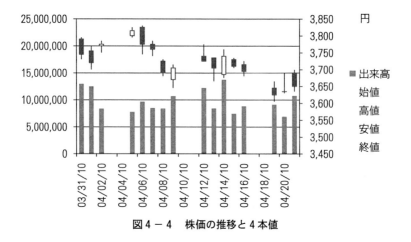

図4-4　株価の推移と4本値

る（図4-4参照）。始値はその日最初に成立した株価を，高値はその日の一番高かった株価を，安値はその日の一番安かった株価を，また，終値はその日最後に成立した株価を表す。

第2節　普通株式の価値評価

普通株式には満期がないため，現在の株価 P_0 は，永久に続く現金配当を割り引いた現在価値として，次式のように表すことができる。この計算式を**配当割引モデル**という。

$$P_0 = \frac{DIV_1}{1+r} + \frac{DIV_2}{(1+r)^2} + \frac{DIV_3}{(1+r)^3} + \cdots$$

ここで，DIV_t：時点 $t=1, 2, 3, \cdots$ の配当，r：割引率としての**株主資本コスト**である。このコストは，株式を発行して資金調達するためのコストを指し，第8章で学ぶ。

このとき，予想配当成長率は次のようになる。

$$2\text{期目} = \frac{DIV_2}{DIV_1} - 1, \quad 3\text{期目} = \frac{DIV_3}{DIV_2} - 1, \cdots$$

【定率成長配当割引モデル】予想配当成長率を一定と仮定した場合の配当割引モデルを**定率成長配当割引モデル**といい，この成長率をgと仮定すると，

$$DIV_2 = (1+g)DIV_1,\ DIV_3 = (1+g)DIV_2,\ \cdots$$

となり，現在価値は次式で与えられる。

公式：$P_0 = \dfrac{DIV_1}{r-g}$

この式を見ると，成長型永久債の公式と同じであることがわかる。定率成長配当割引モデルでは，配当に関しては，1期目の値だけわかれば，現在価値を求めることができる点に注意したい。

次に，この式より，逆にrを求めると，

$$r = \dfrac{DIV_1}{P_0} + g$$

が得られる。右辺のDIV_1を見るとわかるように，1期目の配当さえわかれば，rを求めることができる。また，右辺の第1項DIV_1/P_0は**配当利回り**を，第2項gは予想配当成長率を表す。

第3節　定率成長配当割引モデルによる株主資本コストの推計

株主資本コストの推計については，第8章でCAPMによる推計方法を解説するが，ここでは，定率成長配当割引モデル，すなわち$r=DIV_1/P_0+g$の式から，株価P_0と配当DIV_1がわかっている場合の株主資本コストrの推計方法について解説する。この式を使うためには，最初にgの推計を行う必要があるが，推計方法として主に2通りの方法が挙げられる。

（1）証券アナリストの意見を聞く方法。彼らは，証券会社や資産運用会社に所属し，専門に担当セクター（業種）の企業分析を行っており，日常的に担当企業をフォローすることで，情報入手に努めている。一般には，今後5年間程度の業績予想を行っている。

（2）配当性向（d）を利用する方法。配当性向（d）と自己資本利益率 ROE により，次式で g を推計することが可能である。

公式：$g=(1-d) \times ROE$

ここで，再投資（内部留保）率＝$1-$配当性向$(d)=1-\dfrac{DIV_1}{EPS_1}$ となる。DIV_1：1年目の期待配当，EPS_1：1株当たりの期待利益である。また，自己資本利益率：$ROE=\dfrac{EPS_1}{\text{株価簿価}}$ は，1株当たりの自己資本に対する1株当たりの利益である。

r の推計上の留意点として，普通株式の評価式は，定率成長（$g=$一定）を仮定しているため，公式をそのまま使うには限界がある点である。また，1つの会社の株式についてのみ r を推計しても誤差が伴うため，「同程度のリスクを持つ会社のサンプルを集め，その平均をとること」が有効である。これに関連して，第8章では，株主資本コストを計算する際に，その基礎となる数値（ベータ）として業種平均的な数値を計算する方法でも推計を試みる。

第4節　株価と1株当たりの利益との関係

投資家は，成長株と収益株という言葉をよく使う。こうした区別に意味があるのか考えてみる。

◆成長株

主にキャピタル・ゲイン（株価上昇により得られる利益）を期待し，翌年の配当よりも，むしろ将来の利益の伸びに関心を持つ株を指す。

例　グーグル株，ソフトバンク株

◆収益株

主に現金配当のために買われる株を指す。

◆ゼロ成長の企業の株価

ゼロ成長（$g=0$）の企業は，利益を再投資せず，配当を行うだけの企業である。したがって，1株当たりの利益（EPS_1）がすべて現金配当（DIV_1）になる。このとき，収益率を r として，株価 P_0 は次式のようになる。

$$P_0 = \frac{DIV_1}{r} = \frac{EPS_1}{r}$$

━━━━━━━━━━━━━━ **演 習 問 題** ━━━━━━━━━━━━━━

4.1 ある普通株式の1期目の配当が10円,株主資本コストが7%,予想配当成長率が2%のとき,理論株価はいくらか。ただし,定率成長配当割引モデルを想定するものとする。

4.2 配当性向が40%,自己資本利益率が5%の会社の予想配当成長率を求めなさい。

4.3 ある会社は,利益をまったく内部留保しないで,1株当たり20円の配当を払い続けると予想されている。現在の株価が250円である場合,割引率はいくらか。

第5章
DCF 法による投資判断基準の検討

　この章では，現在価値の考え方を応用した **DCF**（Discounted Cash Flow）**法**について解説する。DCF 法とは，企業が複数の期間にわたって，**費用**（キャッシュ・アウトフロー）を発生させ，**便益**（キャッシュ・インフロー）を生み出す投資活動を検討する場合に利用する方法である。この方法は，貨幣の時間的価値，すなわち現在価値の考え方を基礎としている。

　DCF 法の用途は多岐にわたり，以下のような例を挙げることができる。

（1）株式や社債の評価

（2）設備の取得・売却のための分析

（3）製造技術の選択

（4）新製品の導入の決定

（5）事業部門や企業の買収・売却のための評価

（6）企業戦略の策定

　ここで，投資を行う場合，いかなる投資機会においても，その財務的評価は以下の3ステップを踏む。

Step 1：キャッシュフロー予測

　将来の期間中に予想される全キャッシュフローをリストアップする作業をいう。実務的には，3ステップの中で最も難しいステップとなる。例として，減価償却費，運転資本など検討項目が多く挙げられる。

Step 2：評価指標の計算

　評価指標を計算する作業をいう。ここで，評価指標とは，投資の経済価値を

第5章　DCF 法による投資判断基準の検討　35

数値で表したものを指す。例としては，投資収益率などが挙げられる。

Step 3：採択基準と評価指標の比較

　Step 2 で計算した評価指標を採択基準と比較し，投資判断を行う。ここで，採択基準とは，評価指標の数値が採択するに値するのか判断するための基準を表す。例えば，バス釣りでキャッチ・アンド・リリースを行う場合，釣り人は釣った魚がある一定の大きさに達しなければリリースする。このとき，魚の大きさが評価指標であり，採択基準として，例えば，10 インチと決めると，魚の大きさが 10 インチ以下の場合に魚を海に戻すことになる。

　それでは，どのような評価指標があるか検討を行う。最初に，世の中で広く使われているが，欠点のある評価指標を説明する。以下に説明する 2 つの指標は，「貨幣の時間的価値」を考慮していないという意味で，これまで学んだ現在価値の概念が入っておらず，ファイナンス的視点で欠点のある指標となる。

第 1 節　投資回収期間

　最初に投資回収期間について検討する。この指標は初期投資を回収するまでの期間を表す。1 回の投資が毎年一定額のキャッシュ・インフローをもたらすとき，

$$投資の回収期間＝\frac{投資額}{年間キャッシュ・インフロー}$$

で定義される。この評価指標は，以下のような欠点を有する。

- キャッシュフローの発生タイミング（貨幣の時間的価値）を無視している。
- 回収期間後のキャッシュフローを無視している。

　こうした欠点があるため，現在価値の概念に基づく整合的評価を行うことができない。

第2節　会計上の投資収益率

次に会計上の投資収益率について検討する。この指標は，会計上の数値を基にしており，

$$会計上の投資収益率＝\frac{会計上の利益}{会計上の資産（簿価）}$$

で定義される。この評価指標は，以下のような欠点を有する。

- 会計上の利益（分子）と投資の簿価（分母）を用いている。会計上の利益は，減価償却の影響を受けるため，実際に発生するキャッシュフローとは異なる場合が生じる。例えば，あるキャッシュフローをバランスシートに資産計上した後，毎年減価償却するような場合が該当する。また，資産価値は簿価ではなく，時価（市場価値）で測らなければならない。
- キャッシュフローの発生タイミング（貨幣の時間的価値）を無視している。

こうした欠点があるため，会計上の投資収益率も現在価値の概念に基づく整合的評価を行うことができない。

次に，現在価値の概念に基づく評価指標を見ていくことにする。

第3節　純現在価値（NPV）

純現在価値（Net Present Value: NPV）は，

$$純現在価値（NPV）＝必要な投資額（C_0）＋将来キャッシュフローの現在価値$$

$$＝C_0+\frac{C_1}{(1+r)^1}+\frac{C_2}{(1+r)^2}+\cdots+\frac{C_T}{(1+r)^T}$$

で定義される。ここで，C_0 は初期投資，すなわちキャッシュ・アウトフローであるので，通常は**負の値**をとる。r は割引率，T は一番期間が長いキャッシュフローの時点を表す。

NPV は投資の評価指標であり，NPV を用いた評価ルール（「NPV ルール」と呼ぶ）は，

- $NPV>0$　投資は承認
- $NPV<0$　投資は却下
- $NPV=0$　投資の限界点にある

となる。最後のケースも，事実上，その投資案件は採択されない。

第4節　内部収益率（IRR）

　内部収益率（Internal Rate of Return: IRR）は，以下の式（$NPV=0$）を満たす割引率 IRR として定義される。

$$NPV=C_0+\frac{C_1}{1+IRR}+\frac{C_2}{(1+IRR)^2}+\cdots+\frac{C_T}{(1+IRR)^T}=0$$

ここで，r は割引率，T は一番期間が長いキャッシュフローの時点を表す。

　IRR も投資の評価指標であり，IRR と比較される採択基準は，「資本の機会費用」すなわち「資本コスト」である。IRR を用いた評価ルール（「IRR ルール」と呼ぶ）は，K を資本コストとして，

- $IRR>K$　投資は承認
- $IRR<K$　投資は却下
- $IRR=K$　投資の限界点にある

となる。最後のケースも，事実上，その投資案件は採択されない。

　さて，$NPV=0$ を IRR について解く場合，IRR の n 次方程式として解くことになる。2 期間のケースならば 2 次方程式，3 期間のケースならば 3 次方程式，10 期間のケースならば 10 次方程式を解く問題に帰着される。

　まず，計算が簡単な例として 2 期間のケースについて考える。

　IRR は次の式を満たす割引率である。

$$NPV=-50+\frac{30}{1+IRR}+\frac{40}{(1+IRR)^2}=0$$

この式を整理し，$x=1+IRR$ とおくと，次のような 2 次方程式が得られる。

$5x^2-3x-4=0$

この式を解くと※，$x=1.243$，-0.643 と求まるので，$IRR=0.243$，-1.643 と2つの候補が求まる。明らかに，負の解-1.643はあり得ないので，解は $IRR=24.3\%$ となる。

【2期間のケース】

表5－1　予想キャッシュフロー
（単位：百万円）

C_0	C_1	C_2
－50	＋30	＋40

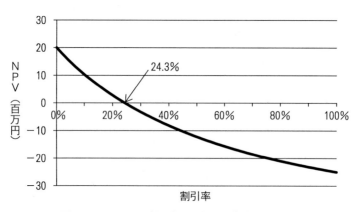

図5－1　NPVと割引率の関係（2期間のケース）

※2次方程式の解の公式：$ax^2+bx+c=0$（$a\neq 0$）の解は次式で与えられる。
$$x=\frac{-b\pm\sqrt{b^2-4ac}}{2a}$$

一般に，*IRR* の計算は煩雑なので，計算ツールで解く。計算ツールとして，

- エクセル（スプレッドシート）
- プログラム機能付の関数電卓
- 財務計算ソフト

等が挙げられる。さて，計算が複雑な例として，10 期間の問題を考える。

【10 期間のケース】

表 5 − 2　予想キャッシュフロー　(単位：百万円)

C_0	C_1	...	C_9	C_{10}
−90	+15	+15	+15	−18

(注) プロジェクト終了時（10 期）にコスト 18 百万円を支払う。

図 5 − 2 で，エクセルを使って計算する例を示す。上段に C_0 から C_{10} までのキャッシュフローを入力する。そして，割引率を−50.0%から 0.2%刻みで増加させた場合の各キャッシュフローの割引現在価値を求め，その合計値をNPV（円）の列に計算する。このとき，NPV がほぼゼロとなる行の割引率を見つけると，解が得られる。図 5 − 3 では，NPV が 8.3 円と−0.1 円のとき，ほぼゼロとなり，そのときの割引率が，それぞれ−45.0%と 6.6%となる。

また，エクセルには IRR を求める関数があり，引数として，C3 から M3 までのキャッシュフローと反復計算のための割引率の推定値を入力すると，解を求めることができる。

エクセルでの計算例

	C	D	E	F	G	H	I	J	K	L	M
2	C0	C1	C2	C3	C4	C5	C6	C7	C8	C9	C10
3	-90	15	15	15	15	15	15	15	15	15	-18

	B	C	D	E	F	G	H	I	J	K	L	M	N
5	割引率	0	1	2	3	4	5	6	7	8	9	10	NPV(円)
6	-50.0%	-90.0	30.0	60.0	120.0	240.0	480.0	960.0	1,920.0	3,840.0	7,680.0	-18,432.0	-3,192.0
7	-49.8%	-90.0	29.9	59.5	118.6	236.2	470.5	937.3	1,867.1	3,719.3	7,409.0	-17,710.7	-2,953.4
31	-45.0%	-90.0	27.3	49.6	90.2	163.9	298.0	541.9	985.3	1,791.4	3,257.1	-7,106.3	8.3
32	-44.8%	-90.0	27.2	49.2	89.2	161.6	292.7	530.2	960.5	1,740.1	3,152.4	-6,853.0	60.1
33	-44.6%	-90.0	27.1	48.9	88.2	159.2	287.4	518.8	936.5	1,690.5	3,051.4	-6,609.6	108.5
286–287	～												～
288	6.0%	-90.0	14.2	13.3	12.6	11.9	11.2	10.6	10.0	9.4	8.9	-10.1	2.0
289	6.2%	-90.0	14.1	13.3	12.5	11.8	11.1	10.5	9.8	9.3	8.7	-9.9	1.3
290	6.4%	-90.0	14.1	13.2	12.5	11.7	11.0	10.3	9.7	9.1	8.6	-9.7	0.6
291	6.6%	-90.0	14.1	13.2	12.4	11.6	10.9	10.2	9.6	9.0	8.4	-9.5	-0.1
292	6.8%	-90.0	14.0	13.2	12.3	11.5	10.8	10.1	9.5	8.9	8.3	-9.3	-0.8
293	7.0%	-90.0	14.0	13.1	12.2	11.4	10.7	10.0	9.3	8.7	8.2	-9.2	-1.4

=E3/(1+$B291)^2

=SUM(C291:M291)

NPVが、ほぼ0となる点を見つける。

511	エクセル関数IRR	-45.0%	=IRR(C3:M3,-0.5)
513		6.6%	=IRR(C3:M3,0.1)

エクセルのIRR関数を使う場合、反復計算のための「推定値」を設定する必要がある。 IRR(キャッシュフローの範囲,推定値)

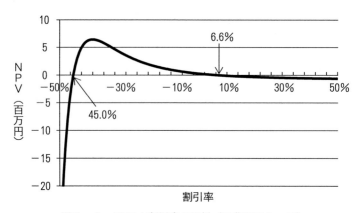

図5－2　エクセルを使った計算例

図5－3　NPVと割引率の関係（10期間のケース）

第5節　内部収益率（IRR）と純現在価値（NPV）の比較

多くの企業経営者にとって，DCF法はNPVではなく，IRRを意味するといわれている。なぜならば，IRRは直観的にわかりやすいからである。

ところで，投資プロジェクトのNPVが割引率の滑らかな減少関数となっている場合（図5－1のようなケース），常に“IRRルールはNPVルールと同じ”であることがわかる。ただし，滑らかな減少関数でない場合（図5－3のような

ケース），すなわち同じ事業に対して複数の選択肢から選ばなければならない場合，注意が必要である。結論からいうと，NPV ルールが最も良い評価指標（投資判断基準）と考えることができる。以下の例で，なぜそういえるのか検討することにする。

例 相互に排他的なプロジェクト

会社は同じ設備を使用して製造したり，サービスを提供したりするプロジェクトを複数同時には行うことができない。こうしたプロジェクトを**相互に排他的なプロジェクト**といい，複数の選択肢から絞り込む必要が出てくる。

今，ある会社では，ドームの付いていないスタジアムを建設するプロジェクト A と，ドーム式のスタジアムを建設するプロジェクト B が投資の検討に挙がっているが，初期投資額および1期目の得られるキャッシュフローが異なる。純現在価値を計算する前提として，資本コストを 10％とする。

IRR ルールと NPV ルールでは，選択が異なる。IRR ルールでは，いずれも *IRR*＞資本コスト（10％）であるが，*IRR* が大きい A を選択する。これに対して，NPV ルールでは，いずれも *NPV*＞0 であるが，*NPV* が大きい B を選択する。そこで，解決方法として，両プロジェクトの投資の増分をとると，投資の増分 *IRR*＝20％＞資本コスト＝10％なので，A より B が望ましいといえる。

表5−3 相互に排他的なプロジェクトの例 （資本コスト：10％）

プロジェクト	キャッシュフロー（億円）		*IRR*（%）	10%での *NPV*（億円）
	C_0	C_1		
A	−1,000	+2,000	100	+818
B	−2,000	+3,200	50	+909
B と A の増分	−1,000	+1,200	20	+91

第6節　資本制約

これまで，プロジェクト投資の議論においては，正の純現在価値を持つ"すべての"プロジェクトを行うと，会社の株主価値を最大化することができた。しかしながら，会社の資本には限度があり，これを**資本制約**というが，ほとんどの会社はすべてのプロジェクトを行うことは事実上不可能である。

そこで，資本制約がある場合のプロジェクト投資を考える。すなわち，すべてのプロジェクトを行うことができない資本制約がある場合の**資本予算策定**（**キャピタル・バジェッティング**：capital budgeting）の方法を考えることにする。資本制約のある場合，投資金額当たりの最高の純現在価値をもたらすプロジェクトを採用する必要がある。この比率を**収益性インデックス**といい，次式で表す。

$$収益性インデックス＝\frac{純現在価値}{投資額}（>0）$$

ただし，この収益性インデックスは万能ではないので，留意が必要である。そこで，次の例で検討する。

例　資本コスト：10%，資本制約：0期と1期にそれぞれ30百万円を資金調達するプロジェクトを考える

表5-4　資本制約のあるプロジェクトの例

プロジェクト	キャッシュフロー（百万円）			10%で NPV （百万円）	収益性インデックス
	C_0	C_1	C_2		
A	−30	+50	+30	40.2	1.34
B	−15	+15	+40	31.7	2.11
C	−15	+15	+30	23.4	1.56
D	0	−80	+120	26.4	0.33

第5章　DCF法による投資判断基準の検討　43

◆選択肢がA，B，Cの3つある場合

　0期の資本制約が30百万円であるので，収益性インデックスが最も高いプロジェクトBと2番目に高いCを採用するべきである。

　通常，このように簡単にランク付するには限界がある。例えば，プロジェクトの選択肢として，翌年の投資であるプロジェクトDまで拡大した場合を考えることにする。

◆選択肢がA，B，C，Dの4つある場合

　プロジェクトAを0期に採用すると，純現在価値はBとCの組み合わせより低いが，1期に50百万円のキャッシュフローを生み出す。この資金と1期に資金調達した30百万円の予算を合わせれば，1期にプロジェクトDを採用することができる。

　A，Dの収益性インデックスは，B，Cより低いが，AとDのNPVの合計は，40.2＋26.4＝66.6＞31.7＋23.4＝55.1で，BとCの合計よりも大きい。

　結論として，2つの期間に資本制約がある場合等は，収益性インデックスを利用することはできない。

第7節　純現在価値ルールの留意事項

　これまでの議論で純現在価値ルールが最も良い投資判断基準であると考えられる。そこで，純現在価値を求める上で最も重要な作業であるキャッシュフロー予測での留意点を考える。

（1）純現在価値は，キャッシュフローを割り引いて求める。

　実際のキャッシュフローは，必ずしも会計上のキャッシュフローと一致しない。また，キャッシュフローを推計する際は，税引き後のものを使用する。

（2）キャッシュフローは，増分ベースで推計する。

　運転資本（短期資産と短期負債の差）は増分ベース，すなわち純運転資本を計算する必要がある。ここで，主な短期資産と短期負債は以下の通りである。

　・主な短期資産：現金，売掛金，原料，（最終製品の）在庫
　・主な短期負債：買掛金

表 5 - 5　短期資産と短期負債 (単位：百万円)

年	2012	2013	2014	2015	2016
売掛金	0	20	30	25	0
在　庫	8	12	12	10	0
買掛金	2	10	10	7	0

表 5 - 6　運転資本と純運転資本 (単位：百万円)

年	2012	2013	2014	2015	2016
運転資本	6	22	32	28	0
純運転資本	6	16	10	−4	−28

例　表 5 - 5 のような主な運転資本の構成要素を持つプロジェクトを考える。このとき，純運転資本と運転資本への投資による現金の出入りを求める。

運転資本＝売掛金＋在庫−買掛金，純運転資本＝運転資本の増分＝売掛金の増分＋在庫の増分−買掛金の増分であるので，表 5 - 6 のようになる。

- **機会費用**を含める。ここで，機会費用とは，プロジェクトが採用されずに当該資源が売却されるか，他の生産に使用された場合に会社のために生み出される現金を指す。
- **埋没費用（サンクコスト）**を含めない。ここで，埋没費用とは，過去にかかった回収不可能なコストを指す。
- 増分キャッシュフローの原則に従って，追加的な費用のみを考慮する。

（3）減価償却

減価償却額は，現金支払いを伴わない会計上の費用なので，投資分析には本来は無関係であるが，課税額に影響を与えるので，次式で表される**節税効果**を生む。

節税効果＝減価償却額×税率

第5章　DCF法による投資判断基準の検討　45

ここで，節税効果は，次の3要素によって決まる。

- 税　率
- 減価償却法：日本では，定額法，定率法などの方法がある。また，米国では，修正加速償却制度（MACRS）という，初年度の税法上の減価償却は小さく，以降は加速度的に償却する方法がある。
- 会社の課税所得を稼ぐ能力

ここで，節税効果の現在価値を求める例を見ることにする。

例　100万円の投資を要するプロジェクトがある

- 対象資産の耐用年数5年
- 定額法により5年で減価償却する。残存簿価1円。
- 割引率10%，税率32%

　表5-7で節税効果の現在価値は，以下の割引ファクターを節税効果の金額に掛ける。

$$DF_n = \frac{1}{(1+r)^n}$$

ここで，r＝割引率＝0.1，n＝年数＝1, 2, 3, …を代入する。残存簿価が1円であるので，999,999円までしか減価償却できないことに注意する。

表5-7　節税効果の現在価値の計算　　　（単位：円）

年	1	2	3	4	5	合計金額
税法上の減価償却額	200,000	200,000	200,000	200,000	199,999	999,999
節税効果（税率＝0.32）	64,000	64,000	64,000	64,000	64,000	320,000
節税効果の現在価値	58,182	52,893	48,084	43,713	39,739	242,610

―――――――――――――――――― 演 習 問 題 ――――――――――――――――――

5.1 （1）次のプロジェクトについて，割引率が 40％のときの純現在価値を求めなさい。

キャッシュフロー　単位：万円

C_0	C_1	C_2
−225	150	600

（2）このプロジェクトの内部収益率はいくらか。

5.2 次のキャッシュフローを含むプロジェクトを想定しなさい。

C_0	C_1	C_2
−200	+400	−150

（1）このプロジェクトの内部収益率の候補は，いくつ存在するか。

（2）このプロジェクトの内部収益率は，いくらか。（1）の候補をすべて求めなさい。

（3）資本コストが 30％であるとき，このプロジェクトは実施する価値があるかどうか，理由と共に述べなさい。

5.3 次の投資機会がある。投資可能な資金は 1,000 万円である。純現在価値（NPV）を最大にするためには，どのプロジェクトに投資をすればよいか。複数回答可。

プロジェクト	NPV	投資金額
A	50	100
B	120	200
C	150	1,000
D	180	600
E	280	700
F	180	400

第6章
統計の基礎とリスクおよびリターン

　この章では，コーポレート・ファイナンスを学ぶ上で重要なリスクとリターンについて考える。第5章では，プロジェクト投資を行う場合，DCF法でキャッシュフローを割り引く際に資本コストを使用した。この資本コストは実際には，プロジェクトのリスクに応じて決まる。企業がプロジェクトを行うのは，リターンを得るためである。「虎穴に入らずんば虎子を得ず」という諺を一度は聞いたことがあると思うが，まさに，リスクをとらないとリターンは得ることはできない。また，その基礎である統計について，基礎的事項をこの章で解説する。

第1節　収益率の定義
　最初に，収益率すなわちリターンを定義する。収益率は，

$$\frac{収益}{投資金額}$$

で定義される。収益や投資金額のデータが将来のものか，過去のものかによって定義が異なるが，計算の式は上記の通りである。ただし，

　将来のリターン：期待収益率

　過去のリターン：実績収益率

である。

> **計算例**　A社の株式を1株500円で1,000株買い，1年後に1株700円になったとする。このとき，

$$収益＝(700-500)（円／株）×1,000（株）＝200,000 円$$

となる。また，この収益率は 1 年後に計算されるため，「実績収益率」を表し，

$$実績収益率＝\frac{700-500}{500}＝0.4＝40\%$$

となる。

第 2 節　リターンの計算方法

　リターンとは，収益（金額）の意味でも収益率（割合）の意味でも使われる。どちらの意味で使われるかは，文脈によって判断する。さて，リターン（＝収益率）の計算方法について見ることにする。リターンの計算方法は，主に次の 2 通りが挙げられる。

◆算術平均

　観測値 $x_1, x_2, \cdots, x_N$ の和を観測値の総数 N で割ったもの。

$$\frac{x_1+x_1+\cdots+x_N}{N}$$

◆幾何平均

　観測値 $x_1, x_2, \cdots, x_N$ の積を観測値の総数 N で N 乗根をとったもの。

$$\sqrt[N]{x_1 x_2 \cdots x_N}$$

この計算を行う際，関数機能のついていない普通の電卓では，せいぜい $N=2$ のときしか対応できない。N が 3 以上の場合は関数電卓かエクセルなどのスプレッドシートを使うことになる。

計算例　3 つのリターンの観測値を 0%，10%，20% とすると，それぞれの計算方法では結果が異なる。

第6章　統計の基礎とリスクおよびリターン　49

（1）算術平均

$$\frac{0+10+20}{3}=10\%$$

（2）幾何平均

$$\sqrt[3]{(1+0)\times(1+0.1)\times(1+0.2)}-1=\sqrt[3]{1.0\times1.1\times1.2}-1$$
$$=\sqrt[3]{1.32}-1$$
$$=9.7\%\quad(<10\%)$$

となり，算術平均で計算した結果よりも小さな値となる。平均の定義が違うので，当然の結果なのだが，ケースバイケースで，どちらの平均が適切であるか，考えてみることも必要である。ここで，公式を使用する際の注意として，x_1, x_2, x_3 には，1+観測値を代入し，最後に1を引かなければならない。

◆リターンの考慮期間の変更

　株価リターンなどを計算する際，「使用するデータの更新サイクル」と「リターンを想定する期間」の違いに留意しなければならない。データの更新サイクルが，1年であれば，**年次リターン**，1ヶ月であれば，**月次リターン**，1週であれば，**週次リターン**，あるいは1日であれば，**日次リターン**が計算される。

　大まかには，

- 1年＝250（営業日）＝52（週）＝12（月）
- 1ヶ月＝20（営業日）

であるので，データの更新サイクルと異なる期間のリターンを求める場合，

- 日次リターンを年率換算するには，「**250倍**」する
- 週次リターンを年率換算するには，「**52倍**」する
- 月次リターンを年率換算するには，「**12倍**」する
- 日次リターンを月率換算するには，「**20倍**」する

ことを忘れてはならない※。

計算例　（1）ある会社の株価が現在 100 円で，3 ヶ月後に 120 円になった
とする。このとき，株価リターンを年率で求めなさい。

$$\frac{120-100}{100}\times\frac{12}{3}=0.8=80\%$$

（2）ある会社の株価が現在 100 円で，翌日に 101 円になったとす
る。このとき，株価リターンを年率で求めなさい。

$$\frac{101-100}{100}\times250=2.5=250\%$$

第 3 節　リ　ス　ク

　リスクという用語は，日本語では「危険」という意味に捉える傾向がある。
しかしながら，ファイナンスの世界では，リスクは**不確定要素**を指すことに注
意したい。リターン（利益）を得ようとしても，その通りに利益が得られるか，
それ以上になるか，あるいは損失を被るか，時間が経ってみないとわからない
というニュアンスを含むのである。より大きなリターンを得ようとする場合，
それに見合うリスクをとる必要がある。いわゆる，リターンとリスクは「**コイ
ンの表と裏の関係にある**」のである。

　リスクにはさまざまな種類がある。ファイナンスに関係するリスク，すなわ
ちファイナンシャルリスクとしては，例えば，以下が挙げられる。

※上記の年率（月率）換算の方法は，算術平均の考え方に基づくものであり，幾何平均
の考え方とは異なる。例えば，日次リターンが 1％のとき，算術平均で年率換算する
ときは，1％を 1 日当たりの平均と考えて，年率で 1%×250＝250％となるが，幾何
平均で年率換算するときは，$(1+0.01)^{250}-1=11.03=1,103\%$ になり，両者の値は大
きく異なる。

第6章 統計の基礎とリスクおよびリターン　51

- 市場リスク $\left\{\begin{array}{l}\text{価格変動リスク}　（例：株価や債券価格の変動など）\\ \text{為替変動リスク}\\ \text{金利リスク}\end{array}\right.$

- 信用リスク

- 流動性リスク

　その他，ファイナンス以外のリスクとして，景気変動リスク，環境リスクなど，色々なリスクが存在する。ここで，リスクを測るには，リターンと同じように，具体的に測定基準，いわゆる**モノサシ**を定義する必要がある。

第4節　統計によるリスクの定義

　リスクの定義，すなわち標準的な尺度（モノサシ）として，**分散**あるいは**標準偏差**（分散の平方根）が挙げられる。

◆分散（Variance）

　分散は平均からのバラツキの程度を表す尺度である。分散を記号で表す場合，Var（Variance の最初の3文字）や σ^2（ギリシャ文字の小文字のシグマの二乗）等で表記する。

◆標準偏差（Standard deviation）

　標準偏差 $Std(\cdot)=\sigma$ は，分散の平方根をとることにより計算できる。

◆分散と標準偏差の公式

　データ $x_1, x_2, \cdots, x_N$ の分散は，平均を $\bar{x}$ として，偏差 $(x_i-\bar{x})(i=1, 2, \cdots, N)$ の二乗の平均をとったものとして，次式※で表される。

$$分散＝\frac{(x_1-\bar{x})^2+(x_2-\bar{x})^2+\cdots+(x_N-\bar{x})^2}{N}$$

また，標準偏差は次式で表される。

※正確には，データが母集団（推計の対象となっている全体の集団）を表す場合に N で割る一方（これを母分散という），データが標本（母集団の中から選んだ一部分の集団）を表す場合は $N-1$ で割る（標本分散）。

標準偏差＝√分散

計算例　2つのくじAとBを2回引いて得られた賞金の分散と標準偏差を，定義式を使って求める。表6－1に計算結果を示す。

表6－1を見ると，くじAの賞金の平均は75円であるのに対して，くじBの賞金の平均は80円とAの方が5円低く，AはBに比べてローリターンであるということができる。一方，くじAの賞金の標準偏差は25円であるのに対して，くじBの賞金の標準偏差は40円とBの方が15円高く，AはBに比べてローリスクであるということができる。まとめると，AはBに比べてローリター

表6－1　くじの分散と標準偏差の計算例

データ	くじA 賞金	くじA 偏差	くじA 偏差の2乗	くじB 賞金	くじB 偏差	くじB 偏差の2乗
1回目	100円	25円	25^2円^2	120円	40円	40^2円^2
2回目	50円	−25円	$(-25)^2$円^2	40円	−40円	$(-40)^2$円^2
平均	75円	AはBに比べてローリターン		80円	ハイリスク・ハイリターン	
分散			625円^2			1,600円^2
標準偏差	ローリスク・ローリターン		25円	AはBに比べてローリスク		40円

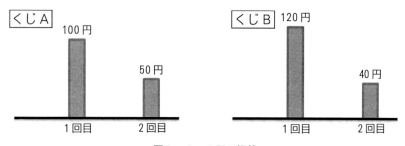

図6－1　2回の損益

第6章 統計の基礎とリスクおよびリターン 53

ン・ローリスクであるということができる。裏を返すと，B は A
に比べてハイリターン・ハイリスクであるということができる。

◆共分散（Covariance）

2種類のデータ $x_1, x_2, \cdots, x_N$ と $y_1, y_2, \cdots, y_N$ の共分散は，それぞれの平均を
$\bar{x}, \bar{y}$ として，偏差の積の平均をとったものとして，次式※で表される。

$$共分散 = \frac{(x_1-\bar{x})(y_1-\bar{y})+(x_2-\bar{x})(y_2-\bar{y})+\cdots+(x_N-\bar{x})(y_N-\bar{y})}{N}$$

共分散と2つの変数には以下の関係がある。

（1） 2つの変数が独立した動きをするとき ⇒ **共分散＝0** となる。

（2） 1つの変数が大きく（小さく）なると，もう1つの変数も大きく（小さ
く）なる。⇒ **共分散＝正の値** となる。

（3） 2つの変数が相互に反対の動きをする。⇒ **共分散＝負の値** となる。

◆相関係数（Correlation）

共分散は，変数の大きさや単位によって，とり得る値の範囲が異なるため，
関係の強さの方向を知ることはできても，関係の強さそのものを測定すること
はできない。**相関係数** は，この問題点を補う。

さて，変数 x と y の相関係数は，

$$x と y の相関係数(\rho) = \frac{x と y の共分散}{(x の標準偏差) \times (y の標準偏差)}$$

となる（ρ：ギリシャ文字の小文字でローという）。ここで，相関係数の取り得る
値の範囲は，

※正確には，データが母集団（推計の対象となっている全体の集団）を表す場合に N
で割る一方（これを母共分散という），データが標本（母集団の中から選んだ一部分
の集団）を表す場合は $N-1$ で割る（これを標本共分散という）。

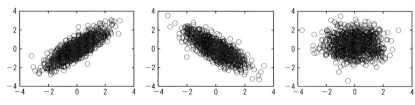

図 6 − 2　2つの変数間の相関関係を表す散布図
（注）左：正の相関，中央：負の相関，右：相関なし

　　$-1 \leq x$ と y の相関係数$(\rho) \leq 1$

である。特に，以下の3つの場合が特徴的である。

（1）$\rho = 1$ のとき，完全に正の相関
（2）$\rho = -1$ のとき，完全に負の相関
（3）$\rho = 0$ のとき，完全に相関なし

この3つの場合について，図6−2の散布図で2つの変数間の相関関係を見ることにする。

第5節　確率によるリスクの定義

　この節では，第4節で「統計」を使って説明した平均，分散，共分散について，今度は「確率」を使って考える。

　例えば，サイコロを振ったとき，正しいサイコロならば，1から6までの目が等しい確率で出る。このように，各値をとる確率がそれぞれ与えられている変数を**確率変数**という。その他，確率変数の例として，株価，為替レート，損失事故の発生回数など，世の中にはたくさんある。

　確率変数は，「X のように大文字」で表す。サイコロを振って出る目 X は確率変数であり，どの目も等しい確率で出るので，

　　$P(X=1)=1/6, P(X=2)=1/6, \cdots, P(X=6)=1/6$

である。これを一般に表すと，$P(X=1)=p_1,\ P(X=2)=p_2,\ \cdots,\ P(X=6)=p_6$ となる。

ここで，$p_1 \geq 0,\ p_2 \geq 0,\ \cdots,\ p_6 \geq 0$　（確率は0以上）

$\qquad p_1 + p_2 + \cdots + p_6 = 1$　　　（確率の和は1）

である。

◆期待値（Expectation）

確率変数 X の取り得る値を $x_1, x_2, \cdots, x_N$ とし，それぞれの値が取り得る確率を $p_1, p_2, \cdots, p_N$ とする。このとき，確率変数 X の期待値 $E(X)$（$=m$）は，次式となる。

$$E(X) = m = x_1 p_1 + x_2 p_2 + \cdots + x_N p_N$$

◆分散（Variance）

【定義1】確率変数 X の分散 $Var(X)$

$$Var(X) = \sigma_x^2 = E[(X-m)^2] = (x_1-m)^2 p_1 + (x_2-m)^2 p_2 + \cdots + (x_N-m)^2 p_N$$

分散は次式でも表現できる。こちらの式で計算する方が簡単な場合がある。

【定義2】$Var(X) = \sigma_x^2 = E[X^2] - m^2$

【参考】定義1と定義2は同じことを意味することを以下に証明する。

$$
\begin{aligned}
Var(X) = \sigma_x^2 &= E[(X-m)^2]　（定義1より）\\
&= E[X^2 - 2Xm + m^2] \\
&= E[X^2] - 2E[X]m + m^2 \\
&= E[X^2] - 2m^2 + m^2 \\
&= E[X^2] - m^2　（証明終わり）
\end{aligned}
$$

計算例　サイコロの出る目の分散を定義1と定義2に従って求める。

・定義1を利用

$$m = \frac{1+2+3+4+5+6}{6} = \frac{7}{2}$$

$$Var(X) = E[(X-m)^2]$$

$$= \left(1 - \frac{7}{2}\right)^2 \cdot \left(\frac{1}{6}\right) + \left(2 - \frac{7}{2}\right)^2 \cdot \left(\frac{1}{6}\right) + \left(3 - \frac{7}{2}\right)^2 \cdot \left(\frac{1}{6}\right)$$

$$+ \left(4 - \frac{7}{2}\right)^2 \cdot \left(\frac{1}{6}\right) + \left(5 - \frac{7}{2}\right)^2 \cdot \left(\frac{1}{6}\right) + \left(6 - \frac{7}{2}\right)^2 \cdot \left(\frac{1}{6}\right) = \frac{35}{12}$$

・定義2を利用

$$E(X^2) = 1^2 \cdot \left(\frac{1}{6}\right) + 2^2 \cdot \left(\frac{1}{6}\right) + 3^2 \cdot \left(\frac{1}{6}\right) + 4^2 \cdot \left(\frac{1}{6}\right) + 5^2 \cdot \left(\frac{1}{6}\right)$$

$$+ 6^2 \cdot \left(\frac{1}{6}\right) = \frac{91}{6}$$

$$Var(X) = E[X^2] - m^2 = \frac{91}{6} - \left(\frac{7}{2}\right)^2 = \frac{35}{12}$$

当然のことではあるが，定義1と定義2の結果は同じである。

計算例　以下の硬貨投げゲームについて，分散と標準偏差の計算を行う。

100円をゲームに投資し，その後，硬貨を2枚投げる。

表が出ると投資額の30%の収益，裏が出ると10%の損失が発生するとする。表と裏の出る確率は等しく各50%である。

表＋表：60%の収益　　　表＋裏：20%の収益

裏＋表：20%の収益　　　裏＋裏：20%の損失

表6－2　硬貨投げゲームの分散と標準偏差

収益率 r（％）	期待収益率からの偏差 $(r-m)$（％）	偏差の2乗	確　率	確率×偏差の2乗（％^{2}）
+60	+40	1,600	0.25	400
+20	0	0	0.50	0
-20	-40	1,600	0.25	400
期待収益率 $E[r]=m=0.25×60\%+0.50×$ 20%＋0.25×（-20%）＝20%			分散＝$E[(r-m)^2]=800$（％^{2}）	
			標準偏差＝$\sqrt{分散}=\sqrt{800}=28.3$（％）	

◆共分散（Covariance）

　共分散は2つの確率変数間の関係の強さを測定するための尺度を表す。2つの確率変数 X, Y の値と平均値（期待収益率）との偏差：$X-E(X)$, $Y-E(Y)$ の積の期待値で共分散 Cov は次式のように定義される。

【定義1】　$Cov(X, Y)=E[(X-E(X))(Y-E(Y))]$

また，次のように表すこともできる。

【定義2】　$Cov(X, Y)=E[XY]-E[X]E[Y]$

第6節　ポートフォリオ・リスクと分散投資

　「期待値」「分散（標準偏差）」を用いて，ポートフォリオ・リスクと分散投資について考える。まず，分散投資について考える。

　分散投資とは，投資を行う場合に，タイプの違う金融商品に分けたり，投資のタイミングをずらしたりして，リスクの分散を図ることをいう。例えば，株式と債券のように，異なる性質の金融商品を組み合わせて投資をすることで，お互いに，それぞれのリスクを打ち消しあうことが可能である。その結果，1つの金融商品・銘柄に投資するよりも，複数に投資する方がリスクを軽減することが可能となる。ここで，分散方法には，以下の方法がある。

（1）金融商品や銘柄の分散

（2）時間の分散

（3）国際分散

（4）通貨の分散

◆ポートフォリオ（portfolio）

　ポートフォリオとは，そもそもは，携帯用の書類入れを意味する。ファイナンスでは，違うタイプで複数の種類の金融商品や銘柄，不動産などを組み合わせて分散投資をする**運用のリスト**をいう。同じタイミングで投資をしても，ポートフォリオの構成によっては，運用成果が大きく異なる場合がある。

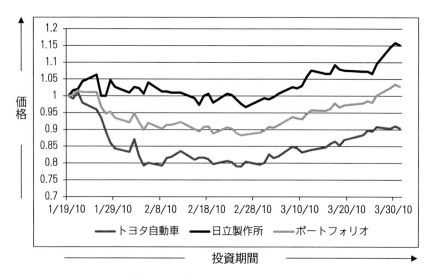

図 6 − 3　ポートフォリオによる運用

　図 6 − 3 は，トヨタ自動車と日立製作所の株式と 2 つの株式を同数組み入れたポートフォリオについて，3 カ月弱（2010 年 1 月 19 日〜 3 月 31 日）の運用成果を示したものである。比較しやすいように，開始時点でいずれの価格も 1 に基準化している。日本を代表する大企業である 2 社の株価は，この間において，類似した値動きをしているものの，終始，日立製作所の株価がトヨタ自動車の株価を上回っている。トヨタ自動車の株価は，最終評価時点の 3 月末に 0.9 まで回復したものの，この間一度も 1 を超えることはなかったのに対して，日立製作所の株価は，一時的に 1 を割ることはあっても，3 月末には 1.15 まで上昇した。一方，ポートフォリオの価格は，2 社の中間的な値動きをし，3 月末には，わずかに 1 を超え，1.03 となった。

　日立製作所に全額投資していれば，15％もの運用収益が得られたことになるが，一方，トヨタ自動車に全額投資していれば，10％の運用損失が発生したことになる。いずれも，あくまで結果論であって，投資時点ではわからない。ポートフォリオで運用することで，日立製作所に全額投資した場合より大きな運用

成果が得られない代わりに，トヨタ自動車に全額投資した場合と比べると，損失を免れたとも考えることができる。ポートフォリオで運用するには，欲を出さず，リスクを回避するという中庸の精神が肝要である。

◆ポートフォリオ・リスク

ポートフォリオ・リスク（portfolio risk）は，次の2つに分解される。

（1）**個別リスク**（unique risk）（非システマティック・リスク，残余リスク，特定リスク，分散可能リスクとも呼ばれる）

- 個々の企業に特有のリスク
- **分散化により取り除くことが可能である**（図6－4参照）。

（2）**市場リスク**（market risk）（システマティック・リスク，分散不可能リスクとも呼ばれる）

- 企業共通のリスク
- **分散化を行っても取り除くことができない**（図6－4参照）。

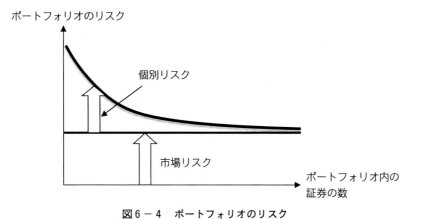

図6－4　ポートフォリオのリスク

結果，ポートフォリオのリスクは，ポートフォリオ内の証券の数を増やすと，個別リスクの減少分だけ，減少していくが，市場リスクの分だけ，リスクが残る点に注意したい。

◆分散投資

分散投資によって，ポートフォリオのリスクを減少させることができる。それは，ポートフォリオに含まれている株式等証券間の**相関係数**によって決まる。

2つの株式銘柄からなるポートフォリオの場合，ポートフォリオの分散は，以下の4つのボックスの数値の合計値となる。

	株式 1	株式 2
株式 1	$x_1^2\sigma_1^2$	$x_1 x_2 \rho_{12}\, \sigma_1\sigma_2$
株式 2	$x_1 x_2 \rho_{12}\, \sigma_1\sigma_2$	$x_2^2\sigma_2^2$

ここで，x_1, x_2：株式1，株式2への投資ウェイト

σ_1, σ_2：株式1，株式2のリターンの分散

ρ_{12}：株式1と株式2のリターンの相関係数

例 以下の2つの株式からなるポートフォリオを考える

- 投資ウェイト＝トヨタ自動車：ヤマダ電機＝0.6：0.4
- 相関係数＝0.4
- 標準偏差：トヨタ自動車＝18%，ヤマダ電機＝27%

このとき，4つのボックスの数値は，次の通りである。

	トヨタ自動車	ヤマダ電機
トヨタ自動車	$0.6^2\times18^2$	$0.6\times0.4\times0.4\times18\times27$
ヤマダ電機	$0.6\times0.4\times0.4\times18\times27$	$0.4^2\times27^2$

したがって，このポートフォリオの分散は，

$$0.6^2 \times 18^2 + 0.4^2 \times 27^2 + 2(0.6 \times 0.4 \times 0.4 \times 18 \times 27) = 326.6 \ (\%^2)$$

よって，標準偏差は $\sqrt{326.6} = 18.07$（％）となり，トヨタ自動車の標準偏差 18（％）に極めて近い値となる。

分散投資の効果が最も大きくなるのは，完全な逆相関（相関係数 $\rho_{12} = -1$）の場合である。このとき，ポートフォリオの分散は，

$$0.6^2 \times 18^2 + 0.4^2 \times 27^2 + 2(0.6 \times 0.4 \times (-1) \times 18 \times 27) = 0$$

となる。完全な逆相関の場合，完全にリスクを取り除くポートフォリオ戦略が常に存在するが，実際には，普通株式の場合，完全に逆相関になることは通常ありえない。

◆ベータ

十分に分散化されたポートフォリオのリスクは，そのポートフォリオに含まれる証券の**市場リスク**によって決まる（図6-4参照）。

したがって，個々の証券が，市場の動きに対してどの程度感応度を有するかを測ることにする。この感応度を**ベータ（β）**といい，リスクを表す2つ目の指標である（1つ目の指標は，標準偏差（σ）であることを思い出してほしい）。

- **$\beta > 1$ の株式**：市場全体を増幅する傾向がある。
- **$0 \leq \beta \leq 1$ の株式**：市場と同方向に動くものの，市場の動きほど大きく動かない。

図6-5は，過去データを使って，日本を代表する企業の1つであるJFEホールディングス（鉄鋼株）の株価リターンを，株価指数のTOPIX（東証株価指数）のリターンに回帰した直線を描いたものである。過去5年間のJFEホールディングスのベータは1.93であった。このことは，仮に，将来も過去と同様であるとすると，市場が1％上昇した場合，JFEホールディングスの株価は平均的に1.93％上昇するだろうことを意味する。

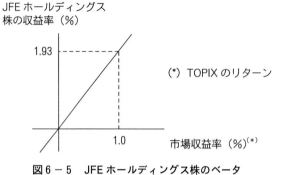

図6-5　JFEホールディングス株のベータ

演習問題

6.1 日次リターンが0.1%のとき，月率換算したリターンと年率換算したリターンをそれぞれ計算しなさい。ただし，1ヶ月は20営業日，1年は250営業日とする。

6.2 以下のような確率と配当金を有するゲームがある。このゲームを1回行うには100円かかるので，1回のゲームの収益は，配当金から100円引いた値となる。

確　率	配当金	収　益	収益率
0.20	300円	200円	A
0.40	100円	0円	B
0.40	0円	−100円	C
		期待収益率＝	D

（1）期待配当金（配当金の期待値）はいくらか。
（2）表中の3つの収益率（A，B，C）を計算してから，期待収益率Dを求めなさい。
（3）収益率の分散と標準偏差を計算しなさい。

第7章
統計の基礎とポートフォリオ理論

第6章では，リスクとリターンを定義し，リターンを得る上で，リスクを適切に管理することが重要であることを学んだ。リスク管理の中心は，ポートフォリオによる分散投資により，リスクを分散させるということであった。この章では，その基礎理論であるポートフォリオ理論について学ぶ。

第1節　ポートフォリオ理論を学ぶための統計の基礎

ポートフォリオ理論は統計を基礎としているため，この理論を学ぶ前に基礎的な統計について解説する。

◆ヒストグラム

ヒストグラムとは，**階級値**を横軸に，**度数**（階級ごとのデータ数）を縦軸に積み重ねたものをいう。度数を増やし，階級の幅を狭くしていくと，滑らかな曲線に近づく。これを**分布曲線**という（図7−1参照）。

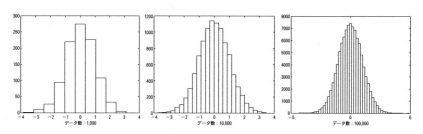

図7−1　ヒストグラム
（データ数は左：1,000，中央：10,000，右：100,000）

◆正規分布

ファイナンスで使用される確率分布として，**正規分布**が代表的である。正規分布の確率密度曲線は，図7−2のような**ベルカーブ**（**釣鐘型**）をしており，試験

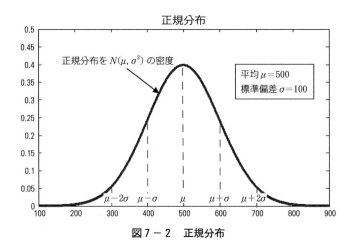

図7－2　正規分布

の得点など度数分布はすべて，度数を増やしていくと正規分布に近づく。**正規分布は平均 μ と標準偏差 σ によって分布形を特定することが可能であり，正規分布を $N(\mu, \sigma^2)$ と表す**。平均 $\mu=0$，標準偏差 $\sigma=1$ の分布を標準正規分布という。

X が正規分布に従うとき，$Y=e^X$（e は自然対数の底＝2.718…を表す）は対数正規分布に従うという。e を底とする両辺の対数をとると，$X=\ln_e(Y)$ となる。

例　Y を株価とすると，X は株価の対数収益率を表し，X が正規分布に従うとき，Y は対数正規分布に従うという（図7－3参照）

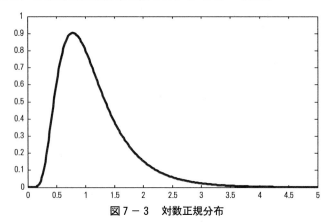

図7－3　対数正規分布

第2節　ハリー・マーコヴィッツのポートフォリオ理論

ポートフォリオ理論は，ハリー・マーコヴィッツ（Harry Markowitz）が1952年に発表した論文（Markowitz,H.M., "Portfolio Selection," *Journal of Finance* 7（March 1952），pp. 77-91.）が起源とされる。この論文で，彼は後述する**効率的ポートフォリオ**の選択方法を示す。

図7-4は，2012年4月1日から2016年3月31日までの日立［証券コード6501］の日次株価対数収益率のヒストグラムと正規確率密度関数で近似した曲線を表す。ここで，日次株価対数収益率とは，「日次」（毎営業日）の「株価」（終値）の収益率をいう。

ある程度短い間隔で計測した株価の過去の収益率は，どのような株式についても**正規分布**に近い分布を示すとされる。このとき，株価は，対数正規分布に近似される。なお，ファイナンスでは，この仮定を置く場合が多いが，現実には，必ずしもそうなるわけではない。

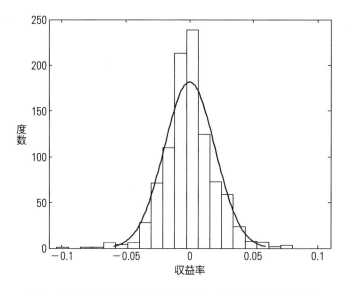

図7-4　日立の日次株価対数収益率ヒストグラムと近似曲線
（2012年4月1日〜2016年3月31日の981個の日次データ使用）

さて，正規分布は，**平均（期待収益率）**と**分散あるいは標準偏差**で定義することが可能であることは前に学んだ。したがって，収益率が正規分布に従う場合，投資家は，この2つの尺度だけを検討すればよいのである。

ここで，2つの株式銘柄について，株価収益率の分布を比較することにする。

◆**期待収益率が等しく，標準偏差が異なる場合**

まず，2つの株式の期待収益率が等しく，標準偏差が異なる場合を考える。図7－5は，期待収益率が上下の図とも等しく10%であり，標準偏差は，上図の株式が10%で下図の株式が5%である。図を見てもわかるように，分布の山は，上下の図とも等しく0.1（＝10%）にあり，分布の裾の広がり具合は上図の方が大きい。すなわち，上図の株式に投資した場合，リターンが40%に

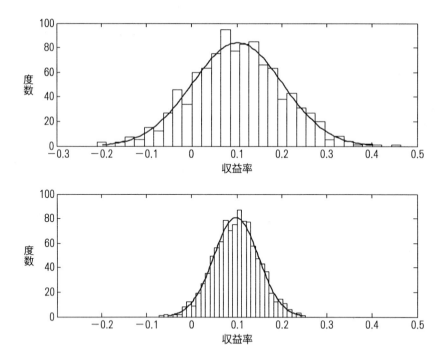

図7－5　2つの株式銘柄の株価収益率の分布の比較
（期待収益率が等しい場合）

なることもあれば，逆に，−20％になることもあり，バラツキの幅が大きい。一方，下図の株式に投資した場合，リターンは，上は20％程度までしか上がらないが，下は−0.05％程度に留まり，上図に比べてバラツキの幅が小さいと言える。

　したがって，ほとんどの投資家は，不確実性を嫌うので，標準偏差の小さい「下図」の投資を選ぶ。

◆標準偏差が等しく，期待収益率が異なる場合

　次に，2つの株式の株価収益率の標準偏差が等しく，期待収益率が異なる場合を考える。図7−6は，標準偏差が上下の図とも等しく10％であり，期待収益率は，上図の株式が20％で下図の株式が10％である。図を見てもわかる

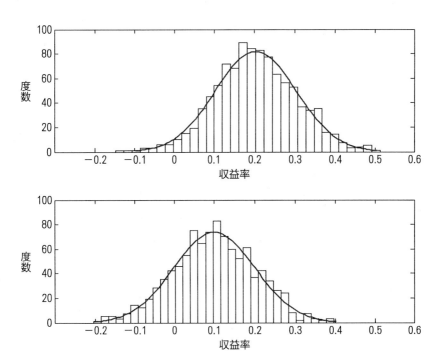

図7−6　2つの株式銘柄の株価収益率の分布の比較
（標準偏差が等しい場合）

ように，分布の裾の広がり具合は上下の図とも等しく，分布の山の位置は，上図の方が0.1（＝10%）右にずれている分だけ大きい。すなわち，上図の株式に投資した場合，リターンが平均的に20%になるのに対して，一方，下図の株式に投資した場合，平均的に10%にしかならない。また，上下の株式ともバラツキの幅は等しい。

　ほとんどの投資家は，高い期待収益率を好むので，「上図」の投資を選ぶ。

第3節　ポートフォリオの構築

　前節では，個別の株式銘柄について，期待収益率と標準偏差を考えたが，今度は，複数の株式に投資するポートフォリオを考えることにする。複数の株式へ投資することにより，リスク（標準偏差＝$\sqrt{分散}$）とリターン（収益率）のさまざまな組み合わせが可能となる。

　ポートフォリオの期待収益率と標準偏差の計算は以下の式による。ここでは，株式ペア間の相関係数が，与えられているとして計算する。

- ポートフォリオの期待収益率（リターン）＝$x_1 r_1 + x_2 r_2 + \cdots + x_N r_N$
- ポートフォリオの分散（リスク）＝$x_i x_j \rho_{ij} \sigma_i \sigma_j$ を $i=1, \cdots, N;\ j=1, \cdots, N$ の範囲で組み合わせた場合の数の合計（$N \times N$ 通り）

ここで，N：株式の数，x_i, x_j：株式 i, j への投資ウェイト，r_i, r_j：株式 i, j の期待収益率，σ_i, σ_j：株式 i, j の分散，ρ_{ij}：株式 i と j の相関係数

　なお，実際には，ポートフォリオのリスクは，図7－7のボックスの成分の合計となる。対角成分（左上から右下にかけて濃く塗っている箇所）では，相関係数 ρ_{ij} は1となる。

第7章 統計の基礎とポートフォリオ理論 69

株式 j

	1	2	3	・ ・ ・	N
1	$x_1^2\sigma_1^2$	$x_1x_2\rho_{12}\sigma_1\sigma_2$	$x_1x_3\rho_{13}\sigma_1\sigma_3$		$x_1x_N\rho_{1N}\sigma_1\sigma_N$
2	$x_2x_1\rho_{21}\sigma_2\sigma_1$	$x_2^2\sigma_2^2$	$x_2x_3\rho_{23}\sigma_2\sigma_3$		$x_2x_N\rho_{2N}\sigma_2\sigma_N$
3	$x_3x_1\rho_{31}\sigma_3\sigma_1$	$x_3x_2\rho_{32}\sigma_3\sigma_2$	$x_3^2\sigma_3^2$		$x_3x_N\rho_{3N}\sigma_3\sigma_N$
・					
・					
・					
N	$x_Nx_1\rho_{N1}\sigma_N\sigma_1$	$x_Nx_2\rho_{N2}\sigma_N\sigma_2$	$x_Nx_3\rho_{N3}\sigma_N\sigma_3$		$x_N^2\sigma_N^2$

株式 i

図7-7 N銘柄の株式から成るポートフォリオの分散

例 2銘柄の株式からなるポートフォリオの場合，分散は下の4つのボックスの合計（図7-7の左上の2×2のボックスを切り出した部分）となる

	株式1	株式2
株式1	$x_1^2\sigma_1^2$	$x_1x_2\rho_{12}\sigma_1\sigma_2$
株式2	$x_1x_2\rho_{12}\sigma_1\sigma_2$	$x_2^2\sigma_2^2$

例 表7-1の10銘柄の株式に投資することを考える

　投資対象は，表7-1の東証第1部に上場されている企業10銘柄である。そのうち，いなげやを除く9社は，2016年12月末現在，日経平均株価の構成銘柄である。2011年4月末から2016年3月末の60ヶ月の月次収益率データを年率換算した数値で計算してある。

　表7-1の個別の株式10銘柄と，その全部もしくはいずれかから構成される3つのポートフォリオA，B，Cについて，そのリターンとリスクを図7-8に図示して考える。Aはユニクロを展開するファーストリテイリングの株式に100％投資したポートフォリオであるのに対して，Bは表7-1の10銘柄全部の株式に投資したポートフォリオである。また，Cは比較的リスクの低い4銘柄に限定して投資したポートフォリオである。

表7 − 1　投資対象10銘柄

株式銘柄	期待収益率（%）	標準偏差（%）	効率的ポートフォリオ 各銘柄への投資ウェイト（%） A	B	C
ファーストリテイリング	31.0	34.8	100.0	1.3	−
大成建設	29.1	25.8	−	16.7	−
花王	23.7	21.6	−	11.3	−
コナミHD	20.7	32.8	−	6.3	−
日本ハム	20.5	25.7	−	14.1	−
セブン＆アイHD	18.5	20.7	−	15.9	31.0
ソフトバンク	15.4	34.3	−	0.3	−
住友大阪セメント	15.2	24.9	−	4.2	13.2
小田急電鉄	13.1	19.5	−	2.8	13.4
いなげや	10.6	15.1	−	27.1	42.4
投資ウェイトの合計	−	−	100.0	100.0	100.0
ポートフォリオの期待収益率	−	−	31.0	19.0	14.0
ポートフォリオの標準偏差[注]	−	−	34.8	11.8	10.8

（注）空売りなし，すなわち各銘柄への投資ウェイトは0以上という前提をおく。

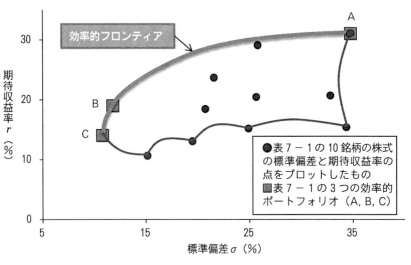

図7 − 8　効率的ポートフォリオ

第7章　統計の基礎とポートフォリオ理論　71

　図7-8の曲線で囲まれている部分がすべて選択可能である。しかしながら、リスクとリターンの関係で考えると、期待収益率（リターン）が高く、標準偏差（リスク）が小さい方向が望ましいといえる。より正確に言うと、同じリスクをとるなら、最もリターンの高いポートフォリオを選択するべきということになる。

　図7-8を見ると、太い実線（**効率的フロンティア**）上のポートフォリオが望ましいということになる。ハリー・マーコヴィッツは、このポートフォリオを**効率的ポートフォリオ**と名付けた。なお、表7-1の各効率的ポートフォリオの投資ウェイトは、線形計画法により、エクセルを使って計算することができる。

◆貸付と借入の導入

　無リスク金利（一般には、国債金利）r_fで貸付けや借入れができるとする。無リスク証券（国債）に資金の一部を投資（貸付け）し、残りの資金を普通株式のポートフォリオSに投資すると、r_fとSを通る直線上のすべてのリスク・収益率の組み合わせを達成することが可能である（図7-9参照）。

　借入は負の貸付けと考えると、金利r_fで借入れ、これを自己資金とともにポートフォリオSに投資すれば、Sの右側の部分に拡張することが可能である。このポートフォリオSを**接点ポートフォリオ**という。この決定は、**投資家のリスクとリターンに関する選好には依存しない**。これを以下の定理にまとめる。

> **＜トービンの分離定理＞**
> **無リスク証券がある場合**、任意の効率的ポートフォリオは、**無リスク証券と接点ポートフォリオの組み合わせ**によって実現できる。すなわち、**リスク証券（株式）の最適な組み合わせの決定は、リスクとリターンに関する投資家の選好とは独立である**。

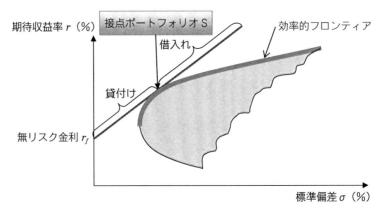

図7−9　無リスク証券がある場合の効率的ポートフォリオの範囲

第4節　資本資産価格モデル（CAPM）

　ポートフォリオ理論の中で中心的な役割を果たすものとして，**資本資産価格モデル**（Capital Asset Pricing Model: CAPM）を採り上げる。このモデルにより，競争的な市場において，株式の**期待リスクプレミアム**は，証券市場線に沿って，**ベータ**に直線的に比例する。すなわち，個々の株式投資は**証券市場線**上の点で示される（図7−10参照）。例えば，1990年以降の米国株式市場のリスクプレミアムは，実証研究により7.1%といわれている。

　証券市場線が y 軸と交わる点は，無リスク資産を表す点であり，無リスク資産として国債を想定する。国債はベータが0で，投資収益率が国債金利すなわち無リスク金利である。また，普通株式から構成される**市場ポートフォリオ**は，平均的な市場リスクを持ち，ベータが1となるように設定する。

　このとき，以下のCAPMの公式が得られる。

$$\text{CAPMの公式：} \underbrace{E(r_i) - r_f}_{\text{株式の期待リスクプレミアム}} = \underbrace{\beta_i}_{\text{ベータ}} \underbrace{(E(r_m) - r_f)}_{\text{市場の期待リスクプレミアム}}$$

　ここで，r_f：無リスク金利（国債金利），$E(r_i)$：株式 i の期待収益率，$E(r_m)$：市場ポートフォリオの期待収益率，β_i：株式 i のベータである。

第7章 統計の基礎とポートフォリオ理論 73

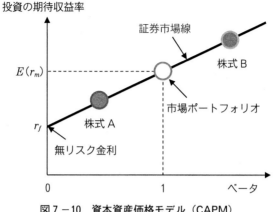

図7-10 資本資産価格モデル（CAPM）

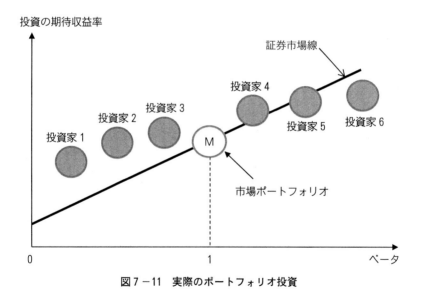

図7-11 実際のポートフォリオ投資

　CAPMは，ファイナンスで最もよく使われる理論の1つであり，第8章第3節では，株主資本コストの推計に応用されるが，実際の投資では，CAPMの理論通りにはならない（図7-11参照）。そのため，これまで，数多くのCAPMに関する実証研究がなされている。

━━━━━━━━━━━━━━━━ 演 習 問 題 ━━━━━━━━━━━━━━━━

7.1 以下の4種類の証券がある。ただし，日本国債はいずれの株式とも相関が0である。

証　券	収益率	標準偏差
日本国債	2%	0%
株式 A	8%	10%
株式 B	10%	20%
株式 C	20%	30%

（1）日本国債，株式 A，株式 B，および株式 D に各25%ずつ投資するポートフォリオの平均収益率を求めなさい。

（2）日本国債と株式 A に各50%ずつ投資するポートフォリオの標準偏差を求めなさい。

（3）以下の相関を有する株式 B と C に各50%ずつ投資するポートフォリオの標準偏差を求めなさい。
- 完全な正の相関の場合
- 完全な負の相関の場合
- 相関なしの場合

7.2 2つの株式に投資する場合，リスクの軽減効果が一番大きいのは，以下のどれか。
- a. 完全な正の相関がある。
- b. まったく相関がない。
- c. 若干の負の相関がある。
- d. 完全な負の相関がある。

7.3 次のポートフォリオの組み合わせのそれぞれについて，合理的な投資家が，以下だけが投資の候補と仮定した場合，常に選好するポートフォリオを選びなさい。ただし，合理的に決められない場合は，該当なしとしなさい。

（1）ポートフォリオ A　$r = 20\%$　$\sigma = 20\%$
　　　ポートフォリオ B　$r = 15\%$　$\sigma = 20\%$

（2）ポートフォリオ C　$r = 15\%$　$\sigma = 16\%$
　　　ポートフォリオ D　$r = 12\%$　$\sigma = 8\%$

（3）ポートフォリオ E　$r = 10\%$　$\sigma = 16\%$
　　　ポートフォリオ F　$r = 10\%$　$\sigma = 10\%$

第8章
資本コスト

　この章では，企業がプロジェクト投資を行う際に必要な資本の調達コストについて検討する。企業は，さまざまなプロジェクト投資を行っているが，新規のプロジェクトごとにどの程度の資本を支出する必要があるのか，予算を策定しなければならない。この作業を資本予算策定（キャピタル・バジェッティング）という。予算を策定するためには，プロジェクトの割引現在価値を求める必要がある。その割引率が**資本コスト**である。

第1節　会社の資本コスト

　最初に，会社の資本コストを以下のように定義する。

（定義）会社の発行しているすべての証券からなるポートフォリオの期待収益率

ここで，ポートフォリオは，通常，株式と負債から構成されるので，会社の資本コストは，

- **株主資本コスト**：会社の普通株式に対して投資家が要求する期待利回り（r_E）
- **負債コスト**　　　：負債金利（r_D）

の**加重平均**として定義される。

　会社の資本コストは**加重平均資本コスト**（weighted average cost of capital: WACC）ともいい，

$$WACC = \frac{D}{D+E} r_D + \frac{E}{D+E} r_E$$

で表される。ここで，D：負債価値，E：株式価値である。ただし，税金は考

慮に入れていない。

　会社の負債がほとんどない場合（$D \fallingdotseq 0$），会社の資本コストは，その会社の株主資本コスト（r_E）に等しくなる。ゲーム機の開発・製造・販売を行う任天堂は，無借金経営を続けている会社として有名であり，多くの現金を保有している。また，産業用ロボットの大手メーカーのファナックは，製造業でありながら無借金経営を続けている。

　ここで，会社の資本コストを計算する上での注意点を示す。

（1）加重ウェイトは，簿価ではなく，**時価（市場価値）**を用いる。よって，株式価値には，自己資本簿価ではなく，**株式時価総額**を用いる。この金額は，発行済株式数に株価を掛けて計算される。

（2）負債価値も時価ベースで考える必要があるが，上場されている社債以外の借入金は，時価が取れないため，株式ほど時価と簿価の差が大きくないので，簿価で代用する場合が多い。

（3）加重平均する負債には，**有利子負債**（長短借入金，社債）のみを含め，無利子負債（買入債務，前受金など）を含めない。買入債務等に含まれる潜在的な金利は，別途，仕入価格に反映済のため，営業利益の段階ですでに控除しているからである。

　推計には，税の考慮が必要である。税金の計算上，支払利息は経費として控除することができるので，法人税を考慮した $WACC$ は次式のように修正される。

$$WACC = \frac{D}{D+E}(1-T_C)r_D + \frac{E}{D+E}r_E$$

ここで，T_C：法人税の実効税率を表す。日本の実効税率は，32.11％（外形標準課税適用事業者の場合，2016 年 4 月 1 日前の事業開始年度）であり，今後 30％を切る見込みである。

第8章　資本コスト　77

例 以下のバランスシート（B／S）を保有する企業の $WACC$ を計算する

上記に注意したように $WACC$ を計算する際は，加重ウェイトは簿価ではなく，時価（市場価値）で考えなければならないので，市場価値ベースのバランスシートを想定する。税は考慮しない。

表8－1　企業の市場価値ベースのB／S

資産の価値	100	負債（社債）の価値（D） 株主資本（株式）の価値（E）	40 60
資産の価値	100	企業の価値（V）	100

＊負債（社債）金利 r_D：3％，株主資本コスト r_E：5％

このとき，

$$WACC = \frac{D}{D+E}r_D + \frac{E}{D+E}r_E = \frac{40}{100} \times 3 + \frac{60}{100} \times 5 = 4.2\%$$

となる。

第2節　プロジェクトの資本コスト

会社の資本コストは，「その会社の平均的なリスクのプロジェクト」についての割引率として適切である。したがって，新しいプロジェクトが，会社の既存の事業に比べ，よりリスクが高いか，あるいは低い場合に，会社の資本コストは正しい割引率とはならない。

プロジェクトの資本コストは，投資先のリスクに応じた資本の機会費用（割引率）によって評価する必要がある。つまり，投資先のプロジェクトに対して求める期待収益率によって，そのプロジェクトから生じるキャッシュフローを割り引く必要がある。

ここで，一例としてトヨタ自動車を考える。日本国内の他，北米，欧州，アジア等の海外で自動車を生産・販売する事業を行っている。トヨタ自動車が新しいプロジェクトを始める場合，そのリスクが既存の事業と比べて，上方あるいは下方に乖離している場合，会社の資本コストは正しい割引率とはならない。

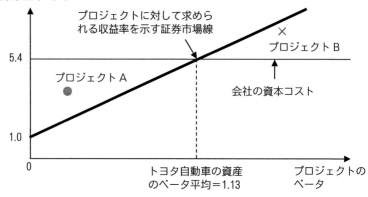

図8－1 プロジェクトの資本コスト

　いま，新しいプロジェクトAとBについて考えることにする（図8－1参照）。**会社の資本コスト・ルール**では，会社の資本コスト線（5.4%）より高い収益率を見込むプロジェクトは，実施可能である。このとき，プロジェクトBは可能であるが，プロジェクトAは不可となる。

　しかしながら，良く考えてみると，そのプロジェクトに要求される収益率は，プロジェクトのリスクを表すベータと無関係ではおかしいことに気づくだろう。そこで，CAPMを使うと，プロジェクトに対して求められる収益率を示す証券市場線より高い収益率を見込むプロジェクトAは実施可能で，プロジェクトBは不可となる。

◆**事業別資本コスト**

　会社の資本コスト（割引率）は，1つだけあればよいという考え方が一般的であるが，会社の中には，投資カテゴリーごとに異なる割引率を設定するところもある。一例として，表8－2のように，リスクの異なる事業ごとに割引率を設定する会社も存在する。割引率には，その事業のリスクプレミアムが反映されており，リスクが高いほど，割引率に多くのリスクプレミアムが上乗せされる。

表8-2 事業別資本コスト

分類	資本コスト（％）
投機的ベンチャー事業	30
新製品開発事業	20
既存事業の拡充	15
コスト削減策，既知技術を利用した事業	10

よりリスクが高い

第3節　株主資本コストの推計

経営者が，既存事業と同程度のリスクを有する事業の拡大を検討しているとする。この場合，「加重平均資本コスト（WACC）を用いて予想キャッシュフローを割り引く」が，そのためには，「株主資本コストの推計」が必要である。そこで，加重平均資本コストの推計手順は以下の通りである。

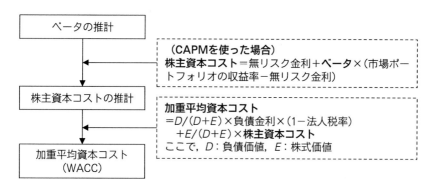

図8-2　株主資本コストの推計手順

ここで，株主資本コストの推計方法には，以下の方法が提案されている。

（1）CAPMによるアプローチ
（2）定率成長配当割引モデル
（3）APTアプローチ
（4）3ファクターアプローチ

（2）の定率成長配当割引モデルについては，すでに第4章第2節でその方法を説明した。また，（3）のAPTアプローチや（4）の3ファクターアプローチなど，いずれも一長一短がある。（1）のCAPMによるアプローチは，第7章第4節で説明したが，それとて問題点は残されているが，一般に，よく使われている方法であるので，以降では，CAPMによる株主資本コストの推計を行う。

◆CAPMによる株主資本コストの推計

株主資本コストを推計するとき，CAPMにしたがって，特定の株式の収益率を市場ポートフォリオの収益率と関連付けてモデル化したものを**マーケットモデル**といい，株式の収益率は，図8－3で表される。このβを**市場ベータ**といい，推計を行う必要がある。

〈マーケットモデル〉

$R_i = \alpha_i + \beta R_M + \varepsilon_i$
ここで，R_i：株式 i の収益率
　　　　R_M：市場ポートフォリオ M の収益率
　　　　α_i, β_i：株式 i に固有の定数
　　　　ε_i：平均0の正規分布に従う誤差項
　　　　　　　（$E[\varepsilon_i]=0$）

〈回帰直線〉

$R_i = \hat{\alpha} + \hat{\beta} R_M$
ここで，R_i：株式 i の収益率
　　　　R_M：市場ポートフォリオ M の収益率
　　　　R_f：無リスク金利

図8－3　マーケットモデルと回帰直線

◆ベータの推計

βを推計する際，本来，会社の「将来のベータ」が必要であるが，将来を見

通すことができないので，代わりに「過去のベータ」を見ることにする。β の推計においては，回帰分析により，切片 $\hat{\alpha}$，傾き $\hat{\beta}$ の回帰直線を得る。

[例] 株価データの取得

「Yahoo Japan!」のサイトから，「Yahoo Japan! ファイナンス」に移動し

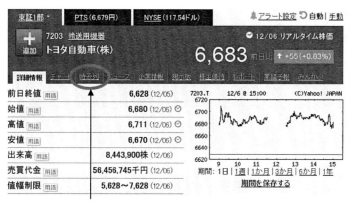

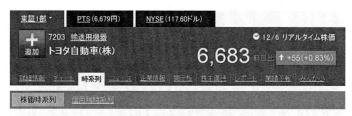

図8－4　株価データの取得例

て，トヨタ自動車［証券コード7203］の株価データを取得してみる（図8－4参照）。同じようにTOPIX（東証株価指数）［証券コード998405］のデータを取得し，日付を揃えて並べる。

「Yahoo Japan! ファイナンス」のサイトで，「トヨタ自動車」あるいは証券コード「7203」を入力すると，トヨタ自動車の株価を検索することができる。「時系列」のタブをクリックすると，株価データが表示されるので，データ期間の始めと終わりを指定し，「月次」にチェックする。

例 ベータの推計

トヨタ自動車の市場ベータの推計を行う。市場収益率として，TOPIXの月次収益率を使い，この値をx軸とし，トヨタ自動車の株式の過去の月次収益率をy軸としてプロットした散布図を描く。このとき，作図条件は，次の通りである。

- 横軸：市場収益率（TOPIXの収益率）
- 縦軸：トヨタ自動車の株価収益率
- データの期間：2011年4月〜2016年3月までの60ヵ月

図8－5において，右上がりの直線が回帰直線で，その「直線の傾き」が推計対象の**ベータ：1.1287**を表す。ベータは，市場インデックス（TOPIX）が1％変化したとき，株価が平均してどれだけ変化したかを表す。ここで，ベータの値は，データを取得する期間や更新サイクルによって変わるので，注意が必要である。

株式のリスク全体の中で，一部分は市場の動きに起因するものであり，残りの部分は，会社の個別リスクである。決定係数R^2は，株価収益率の分散のうち，市場の動きによって説明可能な割合を表す。例えば，2011年〜2016年のトヨタ自動車株の決定係数は$R^2=0.7074$であるので，トヨタ自動車株のリスク（分散）全体の中で，**約70％は市場リスク**，残りの**約30％は個別リスク**ということになる。

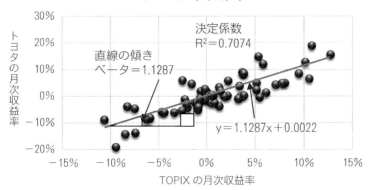

図8－5　トヨタ自動車の株価収益率のベータ

◆業種ベータ

　個別株式のベータの推計誤差が心配される場合,「業種ベータ」を使用する場合がある。業種ベータは,特定業種のポートフォリオに関して計算される業種平均的なベータである。例として,トヨタ自動車が属する自動車産業を構成する企業のうち,トヨタ自動車を含む9社と,9社の平均としての業種ベータをトヨタ自動車のベータの推計と同じ回帰分析の方法で計算する（図8－6参照）。

　表8－3を見ると,マツダのベータ 2.0367 は,マツダを除く他社平均の 1.2867 と比べて極めて高く,標準誤差も 0.248 と極めて高く,ベータの正確性が疑わしい。トヨタ自動車の標準誤差が最も小さく,ベータの正確性が高いと言える。一方,マツダを除いた8社で見ても,富士重工業と三菱自動車の2社は,いずれも標準誤差が 0.2 を超えており,ベータが正確に推定されているというには若干大きい。

　結局,9社すべて,ないしはマツダを除く8社の株式からなる業種ベータの推計の方が,標準誤差が個別のトヨタ自動車のものより大きいので,トヨタ自動車のベータをそのまま使用する。ただし,今回は,たまたま個別企業のベータが良いという結論になったが,一般には業種ベータが選択される可能性は少なくない。

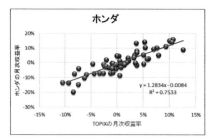
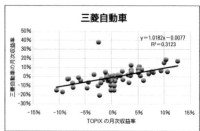
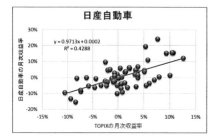
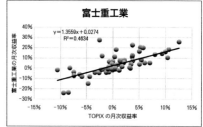
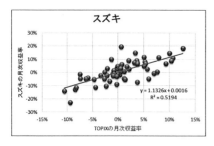
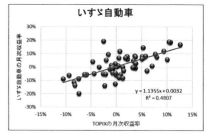
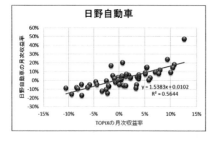
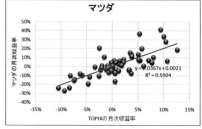

図8－6　自動車企業の株式月次収益率とTOPIXの月次収益率の関係

第8章 資本コスト　85

表8-3　自動車産業のベータ

社　名	ベータ	標準誤差
トヨタ自動車	1.1287	0.095
ホンダ	1.2834	0.096
三菱自動車	1.0182	0.201
日産自動車	0.9713	0.154
富士重工業	1.3359	0.213
スズキ	1.1326	0.146
いすゞ自動車	1.1355	0.158
日野自動車	1.5383	0.188
マツダ	2.0367	0.248
自動車産業のポートフォリオ（マツダを除く8社平均）	1.2867	0.157
自動車産業のポートフォリオ（9社平均）	1.1930	0.167

（注1）標準誤差は，（TOPIXの月次収益率，会社の月次収益率）の点からy軸と
　　　平行に回帰直線に降ろした点との残差平方和を58（＝データ数－2）で割っ
　　　た値の平方根を市場収益率の標準偏差とデータ数の平方根で割った値である。
（注2）マツダは，2012年3月期まで4期連続最終赤字が続き，翌期の2013年3
　　　月期に黒字を確保した。その影響で2012年後半に株価が急騰し，その結果，
　　　ベータ2.0367，標準誤差0.248と同業他社に比べて高い数値になった。

【補遺】資産ベータを用いた推計方法の改善
≪以下は発展的な内容であるので，読み飛ばしても差し支えない≫

　最初に，業種ベータの推計を改善するための方法について解説する。業種ベー
タを推計するには，本来，業種を構成する企業の**資本構成**（企業の負債と株式に
よる資本調達の構成）を検討する必要がある。資本構成上，有利子負債の比率が
高い企業は，株式投資リスクが上昇し，ベータが上昇する可能性があるためで
ある。これを調整したベータを**アンレバード・ベータ**という。今まで議論して
きたベータが**株式ベータ**と呼ばれるのに対して，アンレバード・ベータは**資産
ベータ**とも呼ばれる。

　加重平均資本コストと同様，「有利子負債を有しない企業の資産ベータ」と

「節税効果のベータ」の加重平均は，「負債ベータ」と「株式ベータ」の加重平均に等しくなければならないので，次式が得られる。

$$\frac{V_U}{V_U+V_{Tax}}\beta_A+\frac{V_{Tax}}{V_U+V_{Tax}}\beta_{Tax}=\frac{D}{D+E}\beta_D+\frac{E}{D+E}\beta_E$$

ここで，β_A：資産ベータ，β_{Tax}：節税効果のベータ，β_D：負債ベータ，β_E：株式ベータ，V_U：有利子負債がない企業の価値，および V_{Tax}：節税効果の現在価値（T_C を法人税の実効税率とすると，$T_C D$ となる）である。また，$V_U+V_{Tax}=D+E$ が成り立つ。このとき，節税効果のリスクと有利子負債のベータリスクが等しく（$\beta_{Tax}=\beta_D$），かつ有利子負債が無リスク（$\beta_D=0$）である場合，次式が得られる。

$$\beta_A=\frac{\beta_E}{1+(1-T_C)\dfrac{D}{E}}$$

このように株式ベータから資産ベータを求めることを，ベータを**アンレバード化**するという。反対に資産ベータから株式ベータを求めることを，ベータを**リレバード化**するという。

　次に，株式ベータの推計を，資産ベータを使い改善する手順を示す。

（1）業種を構成する企業の株式ベータをアンレバード化して，その企業の資産ベータを求める。

（2）各企業の資産ベータの平均値か中央値を求め，業種の資産ベータとする。

（3）業種の資産ベータを構成企業の資本構成に応じてリレバード化する。業種を構成する企業は，同程度のビジネスリスクを抱えるので，同程度の資産ベータを持つと考えられるからである。

　以上の方法に従って，法人税実効税率を30%として推計した結果を表8−4に示す。各社の資産ベータを株式時価総額の業種に占める割合で加重平均した業種平均的な資産ベータの推計値は1.1295である。この数値を使い，各社のリレバード化した株式ベータとその業種平均は，表8−4の最右列の通りであり，トヨタ自動車1.1442，業種平均は1.2258である。

第 8 章 資本コスト　87

表 8 − 4　自動車産業に関する業種平均資産ベータを用いた株式ベータの推計

社　名	株式ベータ	有利子負債／株主資本	資産ベータ	株式時価総額(10億円)	業種に占める割合	加重資産ベータ	リレバード株式ベータ
トヨタ自動車	1.1287	1.9%	1.1142	19,868	52%	0.5781	1.1442
ホンダ	1.2834	0.4%	1.2794	5,590	15%	0.1868	1.1330
三菱自動車	1.0182	1.2%	1.0097	829	2%	0.0219	1.1390
日産自動車	0.9713	24.7%	0.8282	4,681	12%	0.1013	1.3246
富士重工業	1.3359	4.1%	1.2988	3,112	8%	0.1055	1.1618
スズキ	1.1326	26.5%	0.9554	1,478	4%	0.0369	1.3390
いすゞ自動車	1.1355	8.5%	1.0719	986	3%	0.0276	1.1966
日野自動車	1.5383	7.4%	1.4621	699	2%	0.0267	1.1884
マツダ	2.0367	34.9%	1.6368	1,048	3%	0.0448	1.4055
自動車産業のポートフォリオ（9社）の平均						1.1295	1.2258

◆修正ベータ

　個別企業のベータの代わりに業種ベータを利用する以外に，金融機関や調査機関等では，次式で表される修正ベータが用いられることもある。

$$\beta_{adj}＝0.333＋0.667×\beta_{org}$$

ここで，β_{org}：個別企業のオリジナルなベータ，β_{adj}：修正ベータを表す。

　この式は，ベータが時系列の推移とともに 1 に回帰する傾向を表しており，過去の実証研究に基づく。なお，情報ベンダーのブルームバーグでは，過去 2 年分（104 週分）の週次データを使って TOPIX に回帰して算出したベータを修正ベータであると明記している。

第 4 節　負債コストの推計

　負債コストは，企業が負債で資金調達する際の平均的な金利のことである。ここで，負債とは，前述の通り，有利子負債を指す。国債等の無リスク証券に比べ，企業融資には，企業のデフォルトリスクが起こりうるため，負債コストは，無リスク金利よりも高めに設定される。

負債コストの算定方法には，以下の３通りが考えられる。

（１）有価証券報告書の情報から推計する。

日本の会計基準で作成された**有価証券報告書**には，連結付属明細書に「社債明細表」および「借入金等明細表」があり，それぞれ有利子負債の利率が記載されており，借入債務種別残高の加重平均として推計する。

（２）格付けおよび債券利回りから推計する。

社債の格付けに応じた債券利回りを推計する。例えば，格付け別債券利回りは，日本証券業協会のホームページで，「売買参考統計値／格付マトリクスダウンロード」からダウンロードすることが可能である。

（３）支払利息および有利子負債の期中残高から推計する。

貸借対照表および損益計算書の実績データから，負債コストを推計する。すなわち，支払利息を有利子負債（長短借入金，社債など）の期中平残で割ることで，負債コストを求めることが可能である。

例 負債コストの推計例として，（１）の方法により，トヨタ自動車の有価証券報告書（2016 年 3 月期）から推計する

トヨタ自動車の有価証券報告書から，短期および長期の借入債務の内訳として，債務種目ごとの期中（2015 年 4 月～2016 年 3 月）加重平均利率と前期末（2015 年 3 月末）残高および当期末（2016 年 3 月末）残高，および返済期限を入手することができる。長期借入債務の返済期限を見ると，最短でも 2019 年まで 3 年間程度の返済が残っていることがわかる。

前期末残高（2015 年 3 月末）を 2016 年 3 月期の期首残高とし，当期末残高（2016 年 3 月末）を 2016 年 3 月期の期末残高として期中平均残高（表 8 − 5 の平残）を算出する。それに加重平均利率を掛けたものが加重和であり，加重和の小計を平残の小計で割った値が，それぞれ短期借入債務および長期借入債務

第8章 資本コスト 89

表8-5 トヨタ自動車の借入債務 (2016年3月期)

債務種目	加重平均利率	平残(10億円)	加重和(10億円)	返済期限
借入金(主として銀行借入)	2.05%	1,118.1	22.9	2016
コマーシャル・ペーパー	0.71%	3,755.1	26.7	2016
〈短期借入債務小計〉	1.02%	4,873.2	49.6	
無担保の借入金(主として銀行借入)	2.24%	3,558.0	79.7	2016〜2035
担保付きの借入金(主として金融債権証券化)	1.11%	1,752.2	19.4	2016〜2030
ミディアム・ターム・ノート(連結子会社の発行)	2.05%	6,574.7	134.8	2016〜2047
無担保普通社債(当社の発行)	1.43%	365.0	5.2	2016〜2024
無担保普通社債(連結子会社の発行)	2.30%	1,468.2	33.8	2016〜2031
担保付普通社債(連結子会社の発行)	8.58%	23.8	2.0	2016〜2019
長期キャピタル・リース債務注	7.48%	20.5	1.5	2016〜2035
〈長期借入債務(控除前)小計〉	2.01%	13,762.4	276.5	
1年以内に返済予定の額(控除)		−3,869.1		
〈長期借入債務小計〉	**2.01%**	9,893.2	198.8	
〈長短借入債務合計〉	**1.68%**	14,766.4	248.3	

(注) 長期キャピタル・リースの加重平均利率は,最小値と最大値の平均値を使用。

(控除前)の加重平均利率(1.02%,2.01%)となる。

　さらに,長期借入債務(控除前)の平残から「1年以内に返済予定の額」を控除して,長期借入債務の平残を求め,これに長期借入債務(控除前)の加重平均利率2.01%を掛けて,加重和を求める。最後に,長短加重和を長短借入債務の平残合計で割ると,借入債務全体の加重平均利率が1.68%と求まる。

　ここで,プロジェクトの予測期間が1年以内の期間を設定するならば,負債コストは長短借入債務の加重平均利率1.68%がいいかもしれない。しかしながら,一般に,プロジェクトは3〜5年の中期経営計画に基づく場合が多く,また,この例では,短期借入債務の加重平均利率は長期借入債務の加重平均利

率より低いため，結果として資本コストを低く見積もってしまうことになる。このため，長期借入債務だけを考慮した加重平均利率 2.01%の方が，より実態に合っていると考えられる。

第5節　資本コストの推計例

　最初に，8.3 節で推計したトヨタ自動車の市場ベータを使って，株主資本コストを推計する。CAPM で使う無リスク金利には 10 年物新発国債金利（年率）を，市場ポートフォリオの収益率には TOPIX リターン（年率）を，過去データから推計する。

- ベータ：1.2
- 国債金利：0.1%
- TOPIX リターン：10%

このとき，株主資本コストは CAPM より，0.1＋1.2×(10−0.1)＝11.98%となる。トヨタ自動車の資金調達コストを比較すると，負債コストが 2.01%（長期借入債務）であるのに対して，株主資本コストは 11.98%となり，推定誤差を考えても，非常に大きな差になっていることがわかる。

　次に，この株主資本コストと 8.4 節で推計済の長期借入債務の負債コストを使って，WACC を推計する。負債総額は，バランスシートの有利子負債の総額を，株式時価総額は発行済株式数に 2016 年 3 月末の株価を掛けた金額（概数）を表す。

- 法人税実効税率：30%
- 負債コスト：2.01%
- 負債総額（D）（兆円）：14.5
- 株式時価総額（E）（兆円）：18

これより，WACC は次式のように計算される。

$$WACC = \frac{14.5}{14.5+18} \times (1-0.3) \times 2.01 + \frac{18}{14.5+18} \times 11.98 = 7.26\%$$

この値を見ると，高い株主資本コスト（11.98%）と低い負債コスト（2.01%）が平均化されていることがわかる。

第6節　確実性等価

　資本予算策定を行う際に，通常は将来キャッシュフローを1つの割引率で割り引く。これは，プロジェクトのリスクが時間に関して一定，すなわち毎年同じと仮定していることになる。この問題に対応する方法として，期待キャッシュフローを**確実性等価**に換算する方法がある。この方法には2種類ある。

◆**方法1：リスク調整後割引率法**

　リスクのあるキャッシュフロー C_1 を，無リスク金利 r_f にリスクプレミアムを加えた**リスク調整後割引率 r** で割り引く方法である（分母の調整）。

$$現在価値 = \frac{C_1}{1+r} = \frac{C_1}{1+(r_f + リスクプレミアム)}$$

◆**方法2：確実性等価法**

　リスクのあるキャッシュフロー C_1 と確実性等価なキャッシュフローを求め，これを無リスク金利 r_f で割り引く。この方法を使うとき，リスクのあるキャッシュフロー C_1 と交換してもよいと考える確実なペイオフのうち，最も少ない額を求める。これを C_1 の確実性等価といい，CEQ_1 と表す。CEQ_1 は安全なキャッシュフローと価値が同じであるので，無リスク金利で割り引く。リスクと時間の調整を別々に行う。すなわち，期待キャッシュフロー C_1 からリスク相当分を控除して CEQ_1 を求める（分子の調整）。次に，CEQ_1 を無リスク金利 r_f で割り引く。

$$現在価値 = \frac{CEQ_1}{1+r_f}$$

◆方法1と方法2で計算される現在価値は等価なので，

$$\frac{C_1}{1+r}=\frac{CEQ_1}{1+r_f}$$

が成立する。一般的に，t年目のキャッシュフローの場合，次のようになる。

$$\frac{C_t}{(1+r)^t}=\frac{CEQ_t}{(1+r_f)^t}$$

[例] 長期の資産に対して単一のリスク調整後割引率を適用する例を考える

いま，次の2つの単純なプロジェクトがある。

◆プロジェクトA
- 今後3年間，毎年1億円のキャッシュフローを生む（リスクあり）。
- 無リスク金利：4％
- 市場リスクプレミアム：8％
- ベータ：0.75

株主資本コストは，CAPMを使うと，

$$r=r_f+\beta(r_m-r_f)=4+0.75\times8=10\%$$

となるので，各年のリスクのあるキャッシュフローを割り引くと表のように計算される。

◆プロジェクトB
- キャッシュフローは無リスクで，Aのキャッシュフローより小さい。このとき，無リスク金利4％で各年の無リスクのキャッシュフローを割り引くと表のように計算される。

計算の結果，AとBの各年のキャッシュフローの現在価値およびその合計は等しくなることがわかる。

〈プロジェクト A〉

年	キャッシュフロー	現在価値
1	100	90.9
2	100	82.6
3	100	75.1
現在価値の合計		248.6

（それぞれの現在価値が等しい）

〈プロジェクト B〉

年	キャッシュフロー	現在価値
1	94.5	90.9
2	89.4	82.6
3	84.5	75.1
現在価値の合計		248.6

演 習 問 題

8.1 ある会社が資金の 30% を無リスク金利の負債で調達しているとする。無リスク金利を 5%，期待市場収益率を 15%，会社のベータを 0.9，および実効法人税率を 30% とする。

(1) 負債コストは何%か。

(2) 株主資本コストは何%か。ただし，株主資本コストは，期待市場収益率から無リスク金利を控除したものにベータを掛けた値に無リスク金利を加えて計算される。

(3) 法人税を考慮しない場合の会社の資本コストは何%か。

(4) 法人税を考慮する場合の会社の資本コストは何%か。

8.2 ある会社の月次収益率を TOPIX の月次収益率に回帰したところ，回帰直線は $y=1.2x+0.1$ と得られた。

(1) ベータはいくらか。

(2) 修正ベータはいくらか。

94

8.3 あるプロジェクトは，1年目に110万円，2年目に121万円のキャッシュフローが予想される。無リスク金利は5％であり，市場のリスクプレミアムは10％と推計され，プロジェクトのベータは0.5である。リスク調整後割引率を使うと，

（1）このプロジェクトの現在価値はいくらか。

（2）1年目と2年目の確実性等価キャッシュフローはいくらか。

第**9**章
直接金融と間接金融

　この章では，企業が行う資金調達方法について，直接金融と間接金融の観点から検討する。企業は長期資産（主に不動産，工場施設，設備など）や（純）運転資本（会社の短期資産と短期負債の差）に投資する。調達資金の大部分は，企業内部で以下の手段で準備する。

- 減価償却のために積み立てていた基金
- 内部留保金

　企業内部で準備した資金で不足する場合，資金不足額（企業が必要とする資金と内部で生み出す資金の差）を外部からの資金調達で補完する必要がある。この補完手段として，

- 株式で調達（新株発行など）
- 借入れ（社債発行，銀行借入れ）

などがある。

第１節　企業の資金調達パターン

　企業の資金調達（ファイナンス）は，バランスシート（B/S）の右側，すなわち，**負債（デット：debt）**，あるいは**株式（エクイティ：equity）**に関する議論である（図9－1参照）。

　金融機関からの借入れや社債発行など負債で調達する場合を**デットファイナンス（debt finance）**という。一方，株式の発行を伴い調達する場合を**エクイティファイナンス（equity finance）**といい，新株発行の他，新株予約権付社債（ワラント債）や転換社債型新株予約権付社債（CB）の発行も，エクイティ（株

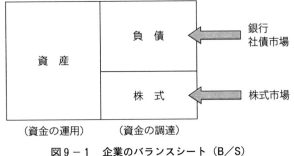

図9-1　企業のバランスシート（B／S）

主資本）の増加をもたらすため含まれる。資金調達の方針は，業種，企業ごとに異なるため，一般化は難しい。

第2節　直接金融と間接金融

　企業の資金調達形態には，主に**直接金融**と**間接金融**の2つの形態がある。直接金融は，金融市場で株式や社債といった証券を新規に発行し，資金を調達する形態であり，一方，間接金融は，金融機関が預金者から預金などの形で資金を調達し，調達した資金を企業に融資する形態である。それぞれの形態には，表9-1のようなものがある。

表9-1　直接金融と間接金融

〈エクイティファイナンス〉

直接金融	間接金融
下記の証券を発行 ・普通株式　・優先株式　・新株予約権付社債（ワラント債） ・転換社債（転換社債型新株予約権付社債）	該当なし

〈デットファイナンス〉

直接金融	間接金融
社債発行	金融機関からの借入れ

その他の資金調達手段としては，以下のようなものが挙げられる。

- パートナーシップ
- 投資信託と REIT
- 証券化
    - 資産担保証券（Asset-Backed Security: ABS）
    - 債務担保証券（Collateral Debt Obligation: CDO）
- リース
    - ファイナンス・リース
    - オペレーティング・リース

なお，投資信託や証券化は，直接金融と間接金融の中間の性格を有する手段であり，**市場型間接金融**と呼ばれている。

第3節　普通株式

企業が発行する株式のほとんどは普通株式である。また，企業は優先株式や劣後株式を発行することも可能である。ここで，普通株式の発行に関する各種の用語を説明する。

◆**授権資本**

授権資本とは，企業が発行できる株式数の上限を表す。**授権株式数**までは，経営陣はさらなる株主の承認なしに株式を追加発行することが可能である。

◆**発行済株式**

発行済株式のうち，投資家が保有する株式は，**流通株式**と呼ばれる。また，投資家から買い戻した株式は**自己株式**と呼ばれる。この株式は，別称，金庫株といい，償却されるか，転売されるまで企業に保有される。

発行済株式は，額面で帳簿に計上される。しかしながら，額面価値は，経済的には，ほとんど重要性がない。企業によっては，**無額面株式**※を発行してい

※日本では，2001 年 6 月 22 日に商法改正法案が国会で可決・成立し，6 月 29 日に公布された。**2001 年 10 月 1 日から，企業が発行する株式はすべて無額面株式となった。**

るが，任意の価格で帳簿に記帳されている。

◆新株発行

新株発行の場合，株主から払い込まれた金額が**資本金**となる。払い込まれた金額の2分の1を超えない範囲で，資本金に計上しないことが可能である。この場合，資本金に計上しない金額は**資本準備金**に計上することになる。

◆企業の所有

企業の所有者は普通株式の株主である。日本では，事業法人，外国法人，銀行，投資信託，年金信託（厚生年金基金等，企業基金の運用分を含む），生命保険会社，個人投資家などが普通株式を保有している（図9－2参照）。

一方，米国では，機関投資家が普通株式の約60％を保有し，そのうち，年金基金とミューチュアルファンドが，それぞれ約20％を保有している。

株主が企業を所有するとは，株主が完全な企業のキャッシュフローの**持分権**と完全な**企業支配権**を有することである。債権者がいる場合，株主は，**残余の**キャッシュフローに対する権利と**残余の**決定事項についての支配権を有する。

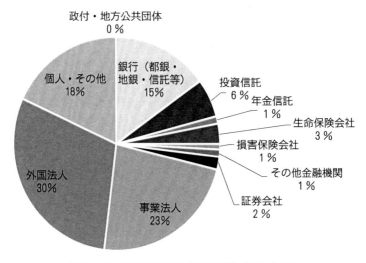

図9－2　投資部門別株式保有状況（2015年度）

出所：東京証券取引所・名古屋証券取引所・福岡証券取引所・札幌証券取引所「2015年度株式分布状況調査の調査結果について」

第9章　直接金融と間接金融　99

　実際には，普通株主の支配権は，取締役会の選任や合併時のその他の重要事項に対する本人または代理人による投票権に限定されているが，多くの株主は，所有株式が非常に少ないので，投票に悩むことは少ないとされる。

◆投票手続と投票の価値

「株主総会」における重要事項に関する株主の投票制度について解説する。

（1）単純多数決投票

　取締役会の選任において，定款で**単純多数決投票制度**を認めている場合，各取締役は1人ずつ投票の対象となり，株主は所有株式1株につき1票を投じる。

> 例　5人の取締役を選任する場合，ある株主が100票持っているとしたら，合計500票を持つことになる。ただし，各候補者には最大100票までしか投票できない。

（2）累積投票

　取締役会の選任において，定款で**累積投票**を認めている場合，取締役はまとめて投票の対象となる。

> 例　5人の取締役を選任する場合，ある株主が100票持っているとしたら，合計500票を持つことになる。500票すべてを特定の候補者に投じることができる。

（3）加重多数決

　多くの事案では，単純過半数あれば十分である。しかしながら，いくつかの決定事項については，**加重多数決**を求められることもある。運用例としては，有効議決権数の75％など。適用例としては，合併の承認などが挙げられる。

（4）委任状合戦

　特に公開の大企業の場合，株主に投票を求める事案が争点になることは少ない。時には，株主と現在の経営陣・取締役が企業の実効的な支配権を巡って外

部者と争う**委任状合戦**が行われることがあるが，外部者である株主の勝ち目は乏しい。

例 大塚家具の 2015 年の父と娘による委任状合戦。

第 4 節 パートナーシップ

　パートナーシップは，株式に類似した証券である。日本では発行されていないが，米国では，投資家はニューヨーク証券取引所で，パートナーシップのユニットを購入して，パートナーシップの団体のリミテッド・パートナーになることができる。

　ここで，パートナーシップにおける責任について考える。まず，株式会社の株主は，その会社が倒産した場合でも，会社の債務について責任を負わず，株式の取得に要したおカネを失うのみである。これを**間接責任**という。株主の責任は**有限責任**でもあるので，その会社に対して**間接有限責任**を負う。

　これに対して，パートナーシップのパートナーは，会社の債務について会社財産をもってしても完済できなかった場合には自己の財産をその弁済に充てることを迫られる。これを**直接責任**という。パートナーシップでは，1 人以上の**無限責任**を負うジェネラル・パートナーが必要であり，一方，リミテッド・パートナーは，**直接有限責任**を負う。

◆パートナーシップの取り扱い

　税法上は，パートナーシップに対して法人所得税は課税されない。利益や損失は，パートナーの納税申告書へ直接**パススルー**される。また，法律上は，パートナーシップは，**個人**が集まった**任意団体**とみなされており，パートナーである個人と同様に，一定の寿命が想定されている。cf. 株式会社は，法人であって，設立時の株主の寿命より長く存続することが可能である。

　日本では，合資会社（有限責任を負う「社員」＝パートナーと無限責任を負う社員から構成される会社形態）や合名会社（無限責任を負う「社員」のみから構成される会社形態）が米国のパートナーシップに近い。

第9章　直接金融と間接金融　101

第5節　投資信託

投資信託とは，金銭その他の財産などの財産権を信頼できる先に託して，管理，運用，処分などをさせる契約をいう。日本では，財産として，金銭，国債・株式などの有価証券，貸付債権，動産，土地・建物，特許権・著作権などの知的財産などを対象とすることが可能である。

事業活動は，元来，受動的なものにはなり得ず，信託の形式に組織されることは稀であるが，例外として，**不動産投資信託**（Real Estate Investment Trust: REIT）が著名である。

◆不動産投資信託（REIT）

不動産投資信託（REIT）は，商業用不動産への投資を促進するために生み出されたものである。ショッピングセンター，オフィスビル，アパート，不動産デベロッパーへの貸付などの REIT がある。REIT の持分は，普通株式のように取引され，日本では，**J-REIT** と称されている。

第6節　優先株式

優先株式は，ほとんどの企業にとって，資金調達のほんのわずかな比率を占めるに過ぎないが，合併やその他特殊な状況下では，資金調達の有効な手段となりうる。ほとんどの場合，優先株式は，**累積的優先株式**として発行される。すなわち，普通株式の株主に1円でも配当するためには，過去の優先配当を全額支払わなければならない。

会社が優先配当をできなかった場合，優先株式の株主は，通常，何らかの議決権を獲得する。なお，優先配当を翌年以降に繰り越さない株式を，**非累積的優先株式**という。

第7節　借　入　れ

企業はさまざまな方法で資金を借り入れており，大別すると，「金融機関からの借入れ」と「社債発行による借入れ」とがある。企業の借入形態には，以下の検討点が存在する。

◆長期借入れか短期借入れか

　一般に，短期借入には銀行融資が適しており，長期借入には長期債を発行する方が望ましいとされる。

◆固定金利か変動金利か

　政府系金融機関の融資や**制度融資**には固定金利が多く，銀行の**プロパー融資**※1の多くは変動金利である。社債は大半が固定金利で，一部が変動金利である。変動金利の例としては，LIBOR（ロンドン銀行間出し手レート）＋スプレッドの形式が挙げられる。ここで，LIBOR は，ロンドン銀行間市場での資金取引の平均貸出金利で，米ドル，日本円，ユーロなど通貨別に存在する。

◆自国通貨建てか外貨建てか

　国際的な債券は，通常，**ユーロ債**※2という。借入の場合，ユーロカレンシーの借入という。

◆優先劣後と担保

　債券には，普通債の他に**優先債**と**劣後債**があり，返済を受ける順番が決まっている。これを**優先劣後構造**という。また，信用力を補完するために，債券の発行体は担保付債券を発行する。担保としては，特定の会社の財産が供される。

◆普通社債・新株予約権付社債・転換社債

　社債の多くは，オプション等が何ら付与されていない普通社債である。普通

※1　銀行が行う融資には，信用保証協会の保証付き融資（制度融資）とプロパー融資の２種類がある。保証付き融資とは，信用保証協会に保証人になってもらって受ける融資のことである。一方，プロパー融資とは，信用保証協会を介さず，直接銀行からおカネを借り入れる融資を指す。

※2　ヨーロッパ単一通貨のユーロ（€）が設立され，ユーロ債とユーロ通貨建債券と混同しやすいので注意したい。

社債以外に，オプション等が付与されている債券に，新株予約権付社債（ワラント債）や転換社債（転換社債型新株予約権付社債）などがある。

（1）新株予約権付社債（ワラント債）

　新株予約権（ワラント）はオプションの一種であるが，その所有者は，あらかじめ決められた価格で，一定期日より前に，一定数の株式を購入することができる。新株予約権と債券はパッケージで，新株予約権付社債（ワラント債）として売り出されることが多い。

（2）転換社債（転換社債型新株予約権付社債）

　証券の保有者に当該債券をあらかじめ定められた数の株式と交換できるオプションを付与している。転換社債の保有者は，発行企業の株価が上昇すれば，債券を株式に転換して利益を得ることが可能である。仮に，株価が下落しても，転換する義務を負わない。

第8節　金融市場

◆市場の種類

　金融市場は，取引対象の金融資産の満期までの期間が短期（1年以内）か長期（1年超）かによって，**短期金融市場**と**長期金融市場（証券市場**あるいは**資本市場**ともいう）に分けることができる。さらに，長期金融市場は，以下の2つの市場に分けることができる。

（1）**発行市場**（primary market）

　企業が株式や社債等の証券を新規に発行し，資金を調達するための市場

（2）**流通市場**（secondary market）

　投資家相互間の株式や債券の売買，すなわち流通取引が行われる市場

◆取引の種類

　取引は，以下の2種類に分けることができる。

（1）**取引所取引**

　株式のように，ニューヨーク，ロンドン，あるいは東京の証券取引所のよう

に組織化された取引所で行われる取引。

（2）店頭取引

証券取引所外で行われる取引のことで，投資家と証券会社が相対売買を行う**仕切型**（仕切売買）と，証券会社等が売買を仲介する**仲介型**がある。

◆金融機関

企業の株式や負債の大部分は，金融機関が保有している。金融機関は，多数の個人から預金を集め，それを金融市場で再投資する**金融仲介者**としての性格を持つ。

◆金融仲介者が製造業と異なる点

金融仲介者は，第一に，預金を受け入れたり，あるいは保険商品を販売したりするなど，特殊な方法で資金を調達し得る。第二に，株式や債券，企業や個人への融資などの金融資産に投資する。一方，製造業者は，主に工場や設備などの実物資産に対して投資する。

◆金融仲介者としての金融機関が果たす，経済の潤滑機能の例

（1）決済メカニズム

当座勘定やクレジットカード，電子振替などの決済手段を提供する。

（2）借入と貸付

通常，借り手と貸し手とを結びつけるには，金融市場や金融機関を使う方が，より安価かつ便利である。

（3）リスクのプール

金融市場や金融機関は，企業や個人がリスクをプールできるようにしている。例えば，保険会社は，保険契約により，自動車事故や自宅の火災リスクを分担することが可能である。また，1社の株式を購入するよりは，普通株式や他の証券に分散投資する投資信託を購入する方が，リスク分散が図れる。

第9章 直接金融と間接金融 105

━━━━━━━━━━━━━━ 演 習 問 題 ━━━━━━━━━━━━━━

9.1 以下のカッコ内に適当な用語を埋めなさい。

・投資信託や証券化は，直接金融と間接金融の中間の性格を有する手段であり，
（ a ）と呼ばれている。

・発行済株式のうち，投資家が保有する株式は，（ b ）と呼ばれ，投資家から
買い戻した株式は（ c ）と呼ばれる。

・政府系金融機関の融資や制度融資には（ d ）金利が多く，銀行のプロパー融
資の多くは（ e ）金利である。

・（ f ）の所有者には，発行企業の株式をあらかじめ決められた価格で購入する
権利が付与されている。

・企業は，通常，（ g ）の株主に 1 円でも配当するためには，（ h ）の株主へ
過去の配当を全額支払わなければならない。

・（ i ）は証券取引所外で行われる取引のことで，投資家と証券会社が相対売買
を行う（ j ）と，証券会社等が売買を仲介する（ k ）がある。

第10章
証券発行による資金調達の形態

この章では，企業が証券を発行して資金調達を行う際の各種形態について解説する。証券（株式，社債）の発行形態には，次のようなものがある。

◆株式：基本的に公募（以下参照）
（1）新規株式公開
（2）公募増資
（3）株主割当増資
（4）第三者割当増資
◆社債：私募と公募の両方

上記の形態を検討する前に，企業が証券を発行して資金調達する前の段階として，ベンチャー企業がベンチャー・キャピタル等から資金調達する段階について解説する。

第1節　ベンチャー企業の発展段階

ベンチャー・キャピタルとは，ベンチャー企業に資本，すなわちキャピタルを供給することを主たる業務とする会社のことである。ベンチャー企業の発展段階には，次の4段階がある。

（1）ゼロ段階

ベンチャー企業家は，貯金と個人の銀行融資から資金を集め，新会社の株式を購入する。

第 10 章　証券発行による資金調達の形態　107

（2）第 1 段階

　株主資本の注入のため，事業計画の準備が最初に必要となり，ベンチャー・キャピタルが株式を購入することにより，企業家は資金を調達する。ここで，ベンチャー・キャピタルが，創立間もない会社に対して，必要な資金全額をただちに提供することは稀である。各段階で次のチェックポイントに辿り着くのに十分な額だけを提供する。

（3）第 2 段階

　追加資金の調達のために，ベンチャー・キャピタルや裕福な個人投資家（**エンジェル**と呼ばれる）などから資金を調達する。例えば，米国では，世界的に有名なエンジェルとして，アマゾン，ヤフー，ツイッター，グーグル，フェイスブック，スカイプなど，IT 企業の創業者，元 CEO あるいは現 CEO などが名を連ねている。

（4）第 3 段階：メザニン・ファイナンス

　メザニン・ファイナンスとは，ローンや普通社債等によるデットファイナンスと，株式等によるエクイティファイナンスの中間に位置するファイナンス手法をいう。その種類には，劣後ローンやハイブリッド証券（劣後債，永久債，優先出資証券等）などがある。必ずしも第 3 段階に登場するわけではなく，第 4 段階や第 5 段階で登場することもある。

第 2 節　ベンチャー・キャピタル市場

　ほとんどの新会社は，最初は，家族の資金や銀行融資に頼る。裕福なエンジェルからの出資を受ける場合もある。創業期の会社の多くは，ベンチャー・キャピタルの出資を受ける。

◆リミテッド・パートナーシップ

　ほとんどのベンチャー・キャピタル基金は，約 10 年という固定期間の**リミ**

テッド・パートナーシップ（投資事業有限責任組合）として組織される。年金基金やその他の投資家が**リミテッド・パートナー**（有限責任組合員）である。管理会社が**ジェネラル・パートナー**（無限責任組合員）であり，投資の組成や監督を行う責任があるが，見返りとして，固定手数料と**利益分配金**と呼ばれる利益の一定割合を受け取る。

◆プライベート・エクイティ投資

プライベート・エクイティとは，未公開企業や不動産に対して，投資，収益力を高めた上で上場させるか，他の投資家に売却する投資をいう。それが運営する投資ファンドを**プライベート・エクイティ・ファンド**（private equity fund: PEF）という。

プライベート・エクイティ投資の形態を考えると，ベンチャー・キャピタルはその一形態（未公開企業への投資）である。この他，割安な「上場企業」などの株式を一部保有する形態，**マネジメント・バイアウト**（management buyout: MBO，経営陣による自社の買収）をサポートする形態などがある。

図10-1は，米国におけるベンチャー・キャピタル投資の推移を表したも

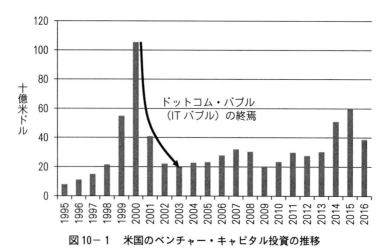

図10-1　米国のベンチャー・キャピタル投資の推移

出所：Pricewaterhouse Coopers/Venture Economics/National Venture Capital Association Money TreeTM.

のである。米国では，1995年頃からインターネットが一般に開放され，急激な普及が始まる中，1990年代後半にネットを利用して新しい事業を立ち上げようとするベンチャー企業が現れた。それら企業は，ドメイン名の末尾に商用を意味する「.com」を冠したものを好んで使い，それをそのまま社名にする企業も多かったことから，**ドットコム企業**と呼ばれた（例：アマゾン・ドットコム）。

インターネットが人々の生活やビジネスを一変させるという期待感は次第に加熱し，資産や利益などの裏づけの無い企業でも，ネット関連であるというだけで莫大な額の資金をベンチャー・キャピタル等から調達し，株式公開を行うことができた。1999年から2000年にかけて，ドットコム銘柄は業績とは無関係に暴騰し，バブルの様相を呈し，**ドットコム・バブル（ITバブル）**はピークに達した。しかしながら，2001年にかけて，熱狂は冷め，株価は暴落し，バブルは崩壊した。

一方，図10－2は，日本におけるベンチャー・キャピタル投資の推移を表したものである。1999年度以降，日本に籍を置くベンチャー・キャピタル等によるベンチャー企業への投融資は，件数では停滞気味であり，2008年のリー

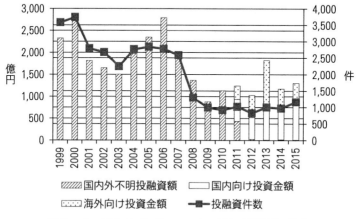

図10－2　日本のベンチャー・キャピタル等投資の推移

出所：一般財団法人ベンチャーエンタープライズ『ベンチャー白書2016』。

マンショック※発生時には，前年度対比で半減し，それ以降，千件前後で推移している。また，投融資金額に関しては，2000年度および2006年度をピークとして，リーマンショック発生直後の2009年度には875億円まで落ち込み，その後，徐々に回復基調にある。直近では，2015年度の投資金額は1,302億円，投資件数は1,162件であった。

第3節　新規株式公開

未公開会社の株式発行形態として，**新規株式公開**（initial public offering: IPO）がある。これは次の2種類に分類することができる。

◆**新規発行**（primary offering）

会社が必要とする追加資金を調達するための新株を売り出す資金調達の形態

◆**売出し**（secondary offering）

「ベンチャー・キャピタル」と「会社の創業者」が発行済株式の一部を売却する資金調達の形態

今度は，新規株式公開のアレンジについて，その手順を説明する。最初に引受人（アンダーライター）の選定を行う。引受人の役割として，

（1）発行会社に対して手続面や資金調達面での助言を行う。

（2）発行株式を購入する。

（3）一般に公開する。

がある。米国の場合，**証券取引委員会**（Securities and Exchange Commission: SEC）の審査のための**登録申請書**を準備する。この最も重要な部分が，**目論見書**（プロスペクタス：prospectus）の形式で投資家に配布される。目論見書の留

※リーマン・ブラザーズの破綻（the bankruptcy of Lehman Brothers）を意味する和製英語。

意事項には，SEC が，投資家に対して証券購入のリスクを十分認識するように強調している。

ここで，新規発行コストとして，以下のものが必要である。

◆引受人の手数料

引受人は，助言，新株購入，一般への販売という役割を果たす代わりに，公募価格に対するスプレッドという形で代金の支払いを受ける。すなわち，投資家に対する公募価格よりも安い価格で引受人は株式を購入することができる。

◆その他事務コスト

登録申請書・目論見書の準備（引受人，アドバイザー，弁護士，会計士のコストがかかる），新証券の登録費用・印刷費用・通信費がある。

次に，新規株式公開における**過小価格設定**（underpricing）について検討する。**過小価格設定のコスト**とは，発行証券の売出し価格と真の価値との差を指す。

新規公開の場合，通常，過小価格設定のコストは，他のすべての発行コストを上回る。研究結果によると，発行価格で購入した投資家は，平均的に，その後非常に大きな収益を上げているとされる。

日本の場合，1970 年〜2014 年間の公開初日の平均収益率は，実に 42.8% ※であったと報告されている。最近の例として，スマートフォン利用者によく知られた会社 LINE の例を見ることにする。

例 LINE の新規株式公開における過小価格設定

LINE は，世界中で利用されているコミュニケーション・アプリ LINE および，LINE プラットフォーム上で展開するさまざまなコンテンツ・サービス（ゲーム，マンガ，音楽，および決済など）を運営する会社である。

日本経済新聞の 2016 年 7 月 12 日付記事によれば，公募株数に対する応募倍率は約 25 倍と人気を集め，そのうち国内の個人投資家が約 18 倍，機関投資家

※次の出所による。出所：Loughran, T., Ritter, J. R., Rydqvist, K., "Initinal Public Offering: International Insights," *Pacific-Basin Finance Journal* 2 (1994), pp. 165−199. のデータを Ritter, J. R. が 2016 年 5 月 4 日付で更新した文書。

が約 13 倍であった。一方，海外投資家の応募倍率は 20 倍台後半と，海外での人気が特に強かった。

2016 年 7 月 15 日，LINE 株は東証第 1 部に上場し，初値は公開価格 3,300 円を 48.5%上回る 4,900 円となり，一時，5,000 円まで上昇した。先に上場したニューヨーク市場よりも好調な滑り出しとなり，終値は 4,345 円となり，発行価格 3,300 円に対する 1 日での収益率は 31.8%になった。

次に，新規株式公開手続について検討する。新規株式公開手続は，以下の 3 つの方式がある。

◆ブックビルディング方式

株式の新規発行や売出しの際，引受人が注文を見込んだブックを作成し，これに基づいて発行価格を設定する方式である。この方式は米国で主に採用されている方式である。日本でも選択可能な方式である。

◆固定価格方式

企業は売却価格を固定しておいて，売出し株数を公告する。価格が高すぎる場合には，投資家の応募数は売出し総株数に達せず，引受人は売れ残った株式を購入する責務を負うことになる。価格設定が低すぎる場合には，応募は売出し株数を上回り，投資家は申し込んだ株式の一定割合しか受け取ることができない。この方式はイギリスで多い方式である。日本では，1989 年まで利用されていたが，現在は認められていない。なぜなら，この方式はリクルート事件※を引き起こす原因になったと問題視されたためである。

※当時の江副浩正リクルート社会長が自社の政治的および財界的地位を高めるため，有力政治家，官僚，および通信業界有力者に対して，リクルート・コスモス社の未公開株を譲渡した事件を指す。その後，公開した同社の株式は大幅に上昇したが，割安な価格で価格決定し，意中の人物に恣意的に配分したと認識された。

◆競争入札方式

　この方式では，投資家は購入しようとする証券の数と価格の両方を示して入札するように求められ，証券は最も高い応札者に対して売却される。米国では，競争入札による新規公開は極めて稀であるが，例えば，フランスでは，この方法は新株発行の際に一般的で，過小価格設定の問題が生じることは少ないとされる。

　競争入札の方式には，次の2通りがある。

（1）価格差別的入札方式（コンベンショナル方式）

　　　すべての落札者は，その応札価格で購入する必要がある。

（2）単一価格入札方式（ダッチ方式）

　　　すべての落札者は，最低落札者の応札価格で購入する。日本でIPOが競争入札で行われる際は，この方式が採用される。

例　競争入札

500万株の競争入札を考える。

入札状況：購入希望者A：200万株に1,050ドルの入札

　　　　　購入希望者B：300万株に1,000ドルの入札

　　　　　購入希望者C：100万株に970ドルの入札

落札結果：上位2人の高値入札者AとBが落札

　　　　　価格差別的入札の場合：A：1,050ドル支払い，B：1,000ドル支払い

　　　　　単一価格入札の場合：A，Bとも1,000ドル支払い

　日本では，ブックビルディング方式と競争入札が選択可能であるが，競争入札では，一般投資家による入札結果に基づき公募価格が設定されるため，公募価格が高騰しやすく，上場後，価格が急落する等，株式の円滑な流通に支障をきたすなどの問題点が指摘されている。一方，ブックビルディング方式は，国際的にも整合性があり，市場機能による適正な価格形成が期待できるということから，現在では主流となっている。

第4節　公　募（増資）

　日本では，株式の「公募増資」は，既存株主や特定の第三者に限らず，広く一般投資家を対象に株主を募集し，新株の割り当てを受ける権利を与えて行う増資を指す。一般的に，払込金額は時価より多少低くなるとされる。時価より特に有利な価格で発行する場合には，既存株主の利益の保護のため，株主総会でその理由を開示して，特別決議を経なければならない。

　米国では，企業が社債や株式の「公募」（社債の場合は増資ではないので公募増資とは言わない）を行うとき，新規株式公開と同様の手続を踏む。SEC は，大企業に対して，以後最長3年間に及ぶ資金調達計画をカバーするような申請書の提出を認めている。企業が資金を調達したり，有利な価格で証券発行を行ったりしたい場合，いつでも簡潔な書類の追加だけで証券発行が可能である。これを**一括登録**という。

第5節　株主割当増資

　日本では，株主割当増資は，企業が既存株主に対して先行購入権を付与する発行を行うことを指す。株主はその持ち株数に応じて有償で新株が割り当てられる。割り当てを受けた株主は，申し込みおよび払い込みを行う義務はなく，申し込みしなければ，その権利は失効する。新株の払込金額は株式市場での時価とは関係なく設定され，一般に既存株主の経済的利益を害することがないことから，時価より低い払込金額で発行されることが多い。

　米国では，主にクローズド・エンド型の投資会社（発行済株式数が一定のミューチュアルファンド＝米国の投資信託を運用する投資会社）に限定されているが，一方，欧州やアジアでは一般的である。

第6節　第三者割当増資

　日本では，第三者割当増資は，発行会社の従業員や親会社，業務提携の相手先，取引先，金融機関等，発行会社と関係のある特定の者に新株割当を受ける権利を与えて行う増資を指す。業務提携先との関係強化や資本提携を行う場合，

また，発行会社の経営状態が悪く株価が低いため，公募増資や株主割当増資ができない場合，事業支援や会社再建のために利用される。

払込金額は時価より多少割り引かれるのが一般的であるが，時価より格段に有利な価格で発行する場合，公募増資と同様に，株主総会でその理由を開示して，特別決議を経なければならない。これに対して，米国では，これより厳しく，ニューヨーク証券取引所で発行済み株式数の20%超の発行を行う場合，当該取引所の規則で，発行価格の水準を問わず，株主総会の承認が義務づけられている。

第7節　私募と公募

証券（株式，社債）を発行する際，証券の取得を不特定多数の投資家に働きかけるか，特定少数の投資家に働きかけるかにより，**公募**と**私募**に分けることが可能である。

株式の私募発行は，小規模の企業を除けばほとんど見られないが，私募債はかなり多い。日本では，有価証券（株式，社債など）の募集において，「50人以上の不特定多数を募集する場合」を公募，「50人未満の少数を募集する場合」を私募と定めている。ここで50人の募集という意味は，勧誘する人数のことであり，最終的に募集に応じた人数ではないので注意を要する。一方，米国では，35人以下の十分な知識を持つ投資家に販売する場合を私募という。

米国で企業が公募を行う場合，その発行をSECに登録することが必要であるが，これは高コストであり，私募発行で回避することが可能である。一方，日本では，公募は必ずしも高コストというわけではない。公募債を発行する会社は，原則として，金融商品取引法に基づいて，「有価証券届出書」という膨大な書類を当局に提出しなければならないが，発行総額が1億円未満の公募債の場合，有価証券届出書の作成義務がなく，代わりに「有価証券通知書」を当局に提出すれば済む。さらに，発行総額が1千万円以下の公募債の場合，有価証券通知書すら提出する必要がないためである。

また，私募発行のデメリットは，転売が難しい点である。しかしながら，生

命保険会社等の機関投資家は，長期の社債投資をしており，流動性がなくても
さほど気にしない。これは，私募債市場が発展するには必要である。

──────────── 演 習 問 題 ────────────

10.1　次の各文は株式増資の形態について説明したものである。それぞれの形態を答え
　　　なさい。
　　（1）企業が既存株主に対して先行購入権を付与する発行を行うことを指す。割
　　　　　り当てを受けた株主は，申し込みおよび払い込みを行う義務はない。
　　（2）発行会社と関係のある特定の者に新株割当を受ける権利を与えて行う増資
　　　　　を指す。事業支援や会社再建のために利用される。
　　（3）既存株主や特定の第三者に限らず，広く一般投資家を対象に株主を募集し，
　　　　　新株の割り当てを受ける権利を与えて行う増資を指す。

第11章
利益還元政策

　この章では，企業が株主に利益を還元するための政策として，配当支払いと
自社株買い（別称，自己株式取得）という2つの政策について解説する。

　米国の例では，1997年以降，自社株買いの金額は現金配当額を超えた。配
当支払いを実施した企業の割合は，1980年の78%から2013年には47%まで
減少したが，一方，同期間に自社株買いを実施した企業の割合は，28%から
43%まで増加した。自社株買いが増加した理由として，借金をして自社株買い
をした場合の節税効果（支払利息は経費として控除可能なため）や，自社株買い
を実施した企業を相場操縦で訴追されるリスクから守る条項がSECの規則に
制定されたことが背景にある（データの出所：S&P Dow Jones Indices LLC,
Compustat）。

第1節　配当支払い

　配当は会社の**取締役会**によって決定される。配当の発表により，ある特定の
配当基準日に登録されているすべての株主に支払いが行われることが告げられ
る。**権利付き最終日**までは，**配当付き**で売買されるが，その後は，**配当落ち**と
して売買される。配当付きで購入した投資家は，株主名簿の書換えが配当基準
日に間に合わなくとも心配ない。配当は，売り手から買い手に支払われなけれ
ばならないこととなっている。例えば，日本の場合，配当スケジュールは，表
11−1の通りである。

　会社は，どのような配当額でも選択して宣言できるわけではなく，過剰な配
当の支払いにより，債務の弁済に足るだけの資産が残されていないといけない。

　例えば，米国では，会社は，一般に発行株式の額面価格の合計として定義さ
れる法定資本から配当を行うことは認められていない。ほとんどの米国の会社

表 11- 1　日本の配当スケジュール

3営業日前	2営業日前	1営業日前	権利確定日
権利付き最終日	権利落ち日		配当基準日
権利あり	権利なし	権利なし	権利なし

は，各四半期に**普通現金配当**を支払うが，時によっては，通常の現金配当に補足して，1回限りの**特別配当**が支払われる。

　配当は，現金で行われるだけではなく，**株式配当**を宣言することもよくある。ただし，株式配当は，実質的に**株式分割**と同じであり，1株当たりの価値を減少させることになる。

第2節　自社株買い

　企業は，配当支払いの代わりに，現金で自己株式を買い戻すこと（自社株買い）が可能である。買い戻した自己株式を別称，金庫株という。日本では，2001年の商法改正により，金庫株が解禁され，企業は目的を問わずに，自己株式を取得・保有できるようになり，現在では，自己株式が取得できる場合について，2006年施行の会社法に明文化されている。取得された自己株式は，会社の金庫株として保有し続け，会社は現金が必要になったときに再び売ることが可能である。

　さて，米国では，自社株買いの方法として，以下の4つの方法を採ることが可能である。

（1）事前公表型公開買付け

　会社が他の投資家と同様に，公開市場において市場価格で自社株買いを公表する一般的な方法。

（2）市場価格より高い価格での事前公表型公開買付け

　固定した価格，典型的には，現在の市場価格より20％程度高い価格で決められた株式数だけ自社株買いをする方法。

（3）ダッチ・オークション方式

　通常のオークション（イングリッシュ・オークション）とは逆に，売り手が高めに設定した価格から順に値を下げてゆき，最初に買い手がついた価格で自社株買いをする用意があることを示す方式。

（4）市場外で特定の株主と直接交渉による取得

　最も評判の悪い例は，グリーンメール※1取引の場合で，乗っ取りの対象となっている企業が敵対的買収の提案者から，彼らが取得した自己株式を買い戻すことで買収から逃れようとする。グリーンメールとは，対象企業が，敵対的買収の提案者が喜んで手を引くような価格で自社株買いをすることを意味する。

　また，日本では，証券取引所が自社株買いのルールを定めており，東京証券取引所に上場している会社が自社株買いをする場合，以下の4つの方法が認められている。

（1）市場外で公開買付けによる取得

（2）市場外で特定の株主と直接交渉による取得

（3）市場内で事前公表型取得

　　・オークション市場における買付け

　　・終値取引（ToSTNeT-2※2）による買付け

　　・自己株式立会外買付取引（ToSTNeT-3）による買付け

（4）市場内で（3）以外の方法による取得（オークション市場での単純買付け）

　自社株買いは，配当と同様に現金を交付する1つの手段であるが，配当と異なり，多くは1度限りとなる。自社株買いを公表する会社は，多額の現金を稼ぎ，分配するという長期のコミットメントを行っているわけではないため，自社株買いの発表に含まれる情報は，配当の支払いに含まれる情報とは異なる可

※1　ドル紙幣の緑色とブラックメール（脅迫状）を掛け合わせた造語。

※2　ToSTNeT（Tokyo Stock Exchange Trading NeTwork System）取引は，東京証券取引所の立会外取引をいう。

能性が高い。日本の場合，2001年に自社株買いの原則自由化に伴う**自己株式公開買付制度**が導入された。これにより，**資産から資本の控除**へ取扱いが変更となった。なお，自社株買いのメリットとして，以下の事項等が挙げられる。

- 合併や会社分割といった企業再編の有力な方法
- 上場企業では**持ち合い株**の解消売りの受け皿
- 株式を**敵対的買収者**に取得される事態の防止
- **財務レバレッジ**（総資産÷自己資本）が高まることで，**自己資本利益率**（return on equity: ROE）が上昇する※。これを投資家が好感して，株価が上昇することがある。事実，近年，自社株買いを実施する企業は投資家から評価され，自社株買いを実施する企業の株価（S&P日本500自社株買い指数）は市場平均（日経平均株価）を上回る結果が見られる（図11－1参照）。

図11－1　S&P日本500自社株買い指数と日経平均株価の時系列推移の比較

(注) S&P日本500自社株買い指数（S&P日本500指数の構成銘柄の中で最も自社株買い比率が高い上位50銘柄からなる指数），日経平均株価とも2014年1月6日の株価を1に基準化している。

出所：S&P Dow Jones Indicesホームページ等から入手したデータを著者が加工。

※「ROE＝ROA×財務レバレッジ」として表すことができるので，ROEはROAに比例する。

第11章 利益還元政策　121

━━━━━━━━━━ **演 習 問 題** ━━━━━━━━━━

11.1　次の各文は株式の配当支払いについて説明したものである。各文中のaからfに
　　　当てはまる最適な語句を解答しなさい。

　　・配当は会社の（　a　）によって決定される。配当の発表により，ある特定の
　　　（　b　）に登録されているすべての株主に支払いが行われることが告げられ
　　　る。

　　・（　c　）までは，（　d　）で売買されるが，その後は，（　e　）として売買さ
　　　れる。（　d　）で購入した投資家は，株主名簿の書換えが（　b　）に間に合
　　　わなくとも心配する必要がない。配当は，売り手から買い手に支払われなけれ
　　　ばならないこととなっている。例えば，日本の場合，（　c　）は（　b　）の
　　　（　f　）である。

第12章
負債政策

　この章では，企業が負債と株式によって資本調達する割合について検討する。企業が資本調達を行う際，どれだけ負債で調達すればよいのか問題になる。一方，企業の基本的な資源は，投資によって資産が生み出す一連のキャッシュフローである。企業がすべて普通株式で資本調達していれば，キャッシュフローは，すべて株主に帰属するが，企業が社債と株式を発行していれば，キャッシュフローを社債保有者と株主に分配することになる。企業の社債と株式による資本調達の構成を企業の**資本構成**という。

第1節　MMの第1命題
　2人の学者 Modigliani（モジリアーニ）と Miller（ミラー）（以下，MM）は，資本構成に関して以下の第1命題を唱えた。

> **＜MMの第1命題＞**
> 完全な資本市場では，企業価値は資本構成の選択によって何の影響も受けない。

ここで，完全な資本市場とは，以下の条件を満たす市場を指す。

① 法人税その他の税が存在しない。
② 取引コストはゼロ。
③ 経営者と株主・社債保有者等との間に情報の非対称性は存在しない。

　この命題では，**投資に関する決定**と**資本調達に関する決定**を**完全に分離**することを認める。すなわち，いずれの企業も，投資支出のための資金がどこから来るのか心配することなく，資本予算策定を行うことができるという主張であ

る。いい換えると，**企業が社債と株式の組み合わせで資本調達しても，企業全体の資本コストは，全額株式で資本調達した場合の株主資本コストと同じとなる**。しかしながら，実際には，資本構成は重要であり，次の MM の第2命題につながる。

第2節　MM の第2命題

　次に，モジリアーニとミラーは，以下の第2命題を唱えた。

＜MM の第2命題＞

ポートフォリオの期待収益率は，個別の証券の期待収益率の加重平均である。したがって，会社の発行する証券すべてを含むポートフォリオの期待収益率は，次式となる。

$$\text{期待総資産収益率 } r_A = \text{社債の割合}\left(\frac{D}{D+E}\right) \times \text{社債の期待収益率}(r_D)$$

$$+ \text{株式の割合}\left(\frac{E}{D+E}\right) \times \text{株式の期待収益率}(r_E)$$

ここで，D は社債の市場価値，E は株式の市場価値である。よって，r_A は**会社の資本コスト**，あるいは**加重平均資本コスト**（WACC）である。この公式を変形すると，借入れのある企業の株式の期待収益率 r_E は，以下のようになる。

$$r_E = r_A + (r_A - r_D)\frac{D}{E}$$

ここで，D/E：レバレッジ比率（ギアリング比率）である。企業が社債をまったく発行していなければ，$r_E = r_A$ となる。

　MM 命題がでる以前は，負債政策についてあまり明瞭に考えられていなかった。さて，社債と株式の資本コストと加重平均資本コストに関する MM の第2命題の一般的な含意は，図12-1の通りである。社債の発行水準が低いうちは，企業の社債は，実質的に無リスクであると仮定している。よって，r_D は D/E とは独立に決まり，r_E は D/E が上昇すると，それに比例して上昇する。

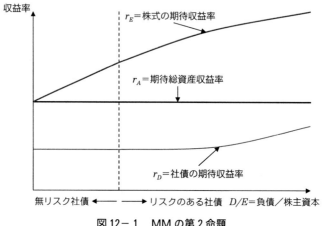

図12-1　MMの第2命題

　企業がさらに借入れを行うと，**債務不履行のリスク**が増加し，より高い金利（r_D上昇）を支払うことを求められる。この場合，第2命題から，r_Eの増加率が低下することが予想される。

　企業が，より多額の社債を発行すればするほど，r_Eは借入れの増加にあまり影響されなくなる。r_E線の傾きが，D/Eの上昇につれて，次第に小さくなっていくのは，**リスクのある社債の保有者**は，企業のビジネスリスクの一部を負っているからである。企業がより借入れを行えば，それだけ企業のビジネスリスクのより大きな部分が株主から社債権者に移転される。

―――――― 演 習 問 題 ――――――

12.1　次の各問いの正誤を○か×で判定しなさい。
（1）MMの第1命題は，法人税や取引コストなどを想定しない完全な資本市場を仮定している。
（2）MMの第2命題によると，株主資本コストは，借入れの増加と共に増加するが，増加の割合は負債の企業価値に対する割合（D/V）に比例する。
（3）MMの第2命題によると，借入額の増加は，社債金利の水準と無関係であると仮定している。

演習問題解答

第1章　コーポレート・ファイナンスの枠組み

1.1　(a) 公開　　(b) 非公開　　(c) 有限責任　　(e) 無限責任

第2章　現在価値

2.1　125.9712 万円

2.2　121 万円

2.3　125 万円

2.4　割引ファクター＝0.8，割引率＝0.25

第3章　債券の価値評価

3.1　1 万円

3.2　20 万円

3.3　(1) 10 万円　　(2) 約2倍　　(3) 5 万円　　(4) 25 百万円

3.4　省略

第4章　普通株式の価値評価

4.1　200 円

4.2　3 %

4.3　8 %

第5章　DCF 法による投資判断基準の検討

5.1　(1) 188.3 万円　　(2) 1，$-7/3$

【解説】 （2）$R=r+1$ とおくと，$NPV=0$ より，$3R^2-2R-8=0$ が得られる。因数分解すると

$$(R-2)(3R+4)=0 \quad \therefore R=2, -\frac{4}{3} \quad \therefore r=1, -\frac{7}{3}$$

$r>0$ に限定するならば，$r=1$ のみ残る。

5.2 （1）2つ　　（2）0.5，-0.5

（3）$NPV=18.9>0$　∴実施する価値がある。

【解説】 （1）2期間の問題は2次方程式に帰着されるので，解は2つ。

5.3 A，B，E

第6章 **統計の基礎とリスクおよびリターン**

6.1 月率リターン：2％　年率リターン：25％

6.2 （1）100円　　（2）A＝2，B＝0，C＝-1，D＝0

（3）分散＝1.2，標準偏差＝$\sqrt{1.2}$＝1.095

【解説】 （2）期待収益率（D）＝$0.2\times2+0.4\times0+0.4\times(-1)=0$

（3）収益率の分散＝$0.2\times(2-0)^2+0.4\times(0-0)^2+0.4\times(-1-0)^2$

$\qquad =1.2$

第7章 **統計の基礎とポートフォリオ理論**

7.1 （1）10％　　（2）5％

（3）完全な正の相関の場合：25％，完全な負の相関の場合：5％，相関なしの場合：18.0％

【解説】 （2）株式Bと株式Cの相関係数を ρ_{BC} とすると，このポートフォリオの分散は，$325+300\rho_{BC}(\%^2)$ となる。よって，完全な正の相関の場合（$\rho_{BC}=1$）：分散＝$625\%^2$ ∴標準偏差＝25％，完全な負の相関の場合（$\rho_{BC}=-1$）：分散＝$25\%^2$ ∴標準偏差＝5％，相関なしの場合（$\rho_{BC}=0$）：分散＝$325\%^2$ ∴標準偏差＝18.0％

7.2 d

7.3 （1）A　　（2）該当なし　　（3）F

演習問題解答　127

第 8 章　資本コスト

8.1 （1）5 %　（2）14%　（3）11.3%　（4）10.85%

8.2 （1）1.2　（2）1.1334

8.3 （1）200 万円　（2）1 年目：105 万円　2 年目：110.25 万円

第 9 章　直接金融と間接金融

9.1 （a）市場型間接金融　　（b）流通株式　　（c）自己株式　　（d）固定

（e）変動　　（f）新株予約権あるいはワラント　　（g）普通株式

（h）優先株式　　（i）店頭取引　　（j）仕切型　　（k）仲介型

第 10 章　証券発行による資金調達の形態

10.1 （1）株主割当増資　　（2）第三者割当増資　　（3）公募増資

第 11 章　利益還元政策

11.1 （a）取締役会　　（b）配当基準日　　（c）権利付き最終日

（d）配当付き　　（e）配当落ち　　（f）3 営業日前

第 12 章　負債政策

12.1 （1）○　　（2）×　　（3）×

参考文献

伊藤邦雄著『新・企業価値評価論』日本経済新聞出版社，2014 年.

伊藤敬介・荻島誠治・諏訪部貴嗣著，浅野幸弘・榊原茂樹監修，日本証券アナリスト協
　会編『新・証券投資論Ⅱ実務篇』日本経済新聞出版社，2009 年.

菅野正泰著『リスクマネジメント』ミネルヴァ書房，2011 年.

菅野正泰著『入門金融リスク資本と統合リスク管理　第 2 版』きんざい，2014 年.

小林孝雄・芹田敏夫著，日本証券アナリスト協会編『新・証券投資論Ⅰ理論篇』日本経
　済新聞出版社，2009 年.

総務省「平成 26 年経済センサス‐基礎調査（確報）」，2015 年.

東京証券取引所・名古屋証券取引所・福岡証券取引所・札幌証券取引所「2015 年度株式
　分布状況調査の調査結果について」，2015 年.

トヨタ自動車「有価証券報告書」，2016 年.

R. C. ヒギンズ著『ファイナンシャル・マネジメント改訂 3 版』ダイヤモンド社，2015
　年.

R. ブリーリー・S. マイヤーズ・F. アレン著，藤井眞理子・國枝繁樹監訳『コーポレー
　ト・ファイナンス（上巻）第 10 版』日経 BP 社，2014 年.

ベンチャーエンタープライズ『ベンチャー白書 2016』，2016 年.

松田千恵子著『コーポレートファイナンス実務の教科書』日本実業出版社，2016 年.

Markowitz, H. M., "Portfolio Selection," *Journal of Finance* 7 (March 1952), pp.
　77-91.

索　引

A－Z

ABS ……………………………………97
CAPM ………………………………72, 80
CDO ……………………………………97
DCF（Discounted Cash Flow）法 …34
IPO ……………………………………110
IRR ……………………………………37
J-REIT …………………………………101
MBO ……………………………………108
Miller（ミラー）………………………122
MM の第 1 命題 ………………………122
MM の第 2 命題 ………………………123
Modigliani（モジリアーニ）…………122
NPV ……………………………………36
ROE ……………………………………120
ToSTNeT 取引 …………………………119

ア

アンレバード化 ………………………86
アンレバード・ベータ ………………85
一括登録 ………………………………114
委任状合戦 ……………………………99
依頼人（プリンシパル）………………5
売出し …………………………………110
永久債 …………………………………23
エクイティファイナンス ……………95

エージェンシー・コスト ……………5
エージェンシー問題……………………4, 5
オペレーティング・リース …………97

カ

階級値 …………………………………63
会計上の投資収益率 …………………36
会社の資本コスト ………………75, 123
価格差別的入札方式……………………113
確実性等価 ……………………………91
──法 …………………………………91
確率変数 ………………………………54
加重多数決 ……………………………99
加重平均資本コスト ……………75, 123
過小価格設定……………………………111
──のコスト …………………………111
株式 ……………………………………95
──会社…………………………………1
──時価総額 …………………………76
──譲渡制限会社………………………1
──配当………………………………118
──分割………………………………118
──ベータ ……………………………85
株主資本コスト ………………30, 75, 79
株主割当増資…………………………114
貨幣の時間的価値………………………7
借入れ…………………………………101

索　引　131

監査法人 ……………………………………2
間接金融 …………………………………96
間接責任 …………………………………100
間接有限責任 ……………………………100
元利均等返済 ……………………………20, 26
機会費用 …………………………………7, 44
幾何平均 …………………………………48
企業支配権 ………………………………98
期待収益率 ………………………………47
期待値 ……………………………………55
キャッシュ・アウトフロー ……………6
キャッシュ・インフロー ………………6
キャッシュフロー ………………………6
　　　　・ダイアグラム ……………6
キャピタル・バジェッティング ………42
業種ベータ ………………………………83
競争入札方式 ……………………………113
共分散 ……………………………………53, 57
金庫株 ……………………………………97, 118
金融資産 …………………………………3
金融市場 …………………………………103
金融仲介者 ………………………………104
金利 ………………………………………9
クーポン債 ………………………………22
グリーンメール …………………………119
月次リターン ……………………………49
月利 ………………………………………9
減価償却 …………………………………44
　　　　法 ………………………………45
現在価値 …………………………………13, 15
権利付き最終日 …………………………117
公開会社 …………………………………1

合資会社 …………………………………1
合同会社（LLC） ………………………1
公募 ………………………………………114, 115
　　　増資 ………………………………114
合名会社 …………………………………1
効率的フロンティア ……………………71
効率的ポートフォリオ …………65, 70, 71
固定価格方式 ……………………………112
個別リスク ………………………………59
コンベンショナル方式 …………………113

サ

債券 ………………………………………18
債権者 ……………………………………18
最高財務責任者 …………………………4
債務担保証券 ……………………………97
債務不履行のリスク ……………………124
財務レバレッジ …………………………120
サンクコスト ……………………………44
算術平均 …………………………………48
ジェネラル・パートナー ………………108
時価（市場価値） ………………………76
仕切型 ……………………………………104
自己株式 …………………………………97, 118
　　　　公開買付制度 …………………120
自己資本利益率 …………………………32, 120
資産担保証券 ……………………………97
資産ベータ ………………………………85
自社株買い ………………………………118
市場型間接金融 …………………………97
市場価値（価格） ………………………19, 29
市場ベータ ………………………………80

市場リスク ……………………51, 59, 61

実績収益率 ………………………47

実物資産 …………………………3

私募 ……………………………115

資本金 ……………………………98

資本構成 ……………………85, 122

資本コスト ………………………37

資本資産価格モデル ………………72

資本市場 ……………………………103

資本準備金 ………………………98

資本制約 …………………………42

資本の機会費用 ……………………15, 37

資本予算策定 ……………………42

収益株 …………………………32

収益性インデックス ………………42

収益率 …………………………47

週次リターン ……………………49

修正ベータ ………………………87

授権株式数 ………………………97

授権資本 …………………………97

純現在価値 ……………………17, 36

償還 ……………………………22

証券化 …………………………97

証券市場 ……………………………103

　　　──線 ……………………72

証券取引委員会 ……………………110

将来価値 …………………………12

所有と経営の分離 …………………2

新株発行 …………………………98

新株予約権付社債（ワラント債）……103

新規株式公開 ……………………110

新規発行 …………………………110

信用リスク ………………………51

正規分布 ……………………63, 65

成長型永久債 ……………………24

成長株 …………………………32

制度融資 ……………………………102

節税効果 …………………………44

接点ポートフォリオ ………………71

ゼロクーポン債 …………………22

相関係数 …………………………53

相互に排他的なプロジェクト ………41

タ

第三者割当増資 ……………………114

対数正規分布 ……………………64

代理人（エージェント）……………5

ダッチ・オークション方式 ………119

ダッチ方式 ………………………113

単一価格入札方式 …………………113

短期金融市場 ……………………………103

単純多数決投票制度 ………………99

単利 ……………………………10

仲介型 …………………………104

長期金融市場 ……………………………103

直接金融 …………………………96

直接責任 …………………………100

直接有限責任 ……………………100

ディスカウント・ファクター ………10

定率成長配当割引モデル ……………31

敵対的買収者 ……………………120

デットファイナンス ………………95

転換社債（転換社債型新株予約権付社債）
………………………………………103

索　引　133

電子化（ペーパーレス化）………18, 28
店頭取引 ………………………104
投資回収期間 …………………35
投資家の要求収益率 …………15
投資信託 ………………………101
登録申請書……………………110
特別配当………………………118
度数 ……………………………63
ドットコム企業………………109
ドットコム・バブル（IT バブル）……109
トービンの分離定理 …………71
取締役会………………………117
取引所取引……………………103

ナ

内部収益率 ……………………37
日次リターン …………………49
年金型投資商品 ………………20
年金現価係数 …………………21
年金現価率 ……………………21
年次リターン …………………49
年利………………………………9

ハ

配当落ち ………………………117
配当基準日……………………117
配当支払い……………………117
配当性向 ………………………32
配当付き………………………117
配当利回り ……………………31
配当割引モデル ………………30
発行市場………………………103

発行済株式 ……………………97
パートナーシップ……………1, 100
ハードルレート ………………15
ハリー・マーコヴィッツ ……65
非公開会社 ………………………1
ビジネスリスク………………124
ヒストグラム …………………63
日歩 ……………………………10
費用……………………………34
標準偏差 ………………………51
非累積的優先株式……………101
ファイナンシャルリスク ……50
ファイナンス・リース ………97
不確定要素 ……………………50
複利………………………………10
　　　　計算………………………12
負債……………………………95
　　　　コスト …………………75, 87
普通株式 ………………………28
普通現金配当…………………118
ブックビルディング方式…………112
不動産投資信託………………101
プライベート・エクイティ…………108
　　　　・ファンド…………………108
プリンシパル・エージェント問題……5
プロジェクトの資本コスト …………77
プロパー融資…………………102
分散……………………………51, 55
　　　　投資 …………………57, 60
分布曲線 ………………………63
ベータ…………………………61, 72
ベルカーブ ……………………63

便益 ……………………………………34
ベンチャー・キャピタル ……………106
法人税 ……………………………………76
ポートフォリオ ………………………57
　　──・リスク …………………59
　　──理論 ……………………65

マ

埋没費用 ………………………………44
マーケットモデル ……………………80
マネジメント・バイアウト …………108
無額面株式 ……………………………97
無限責任 ……………………………2, 100
メザニン・ファイナンス ……………107
目論見書 ……………………………110
持ち合い株 …………………………120
持分権 …………………………………98

ヤ

有価証券通知書 ……………………115
有価証券届出書 ……………………115
有価証券報告書 ……………………88
有限責任 …………………………2, 100
　　──監査法人 …………………2
　　──事業組合（LLP） …………1
優先債 ………………………………102
優先劣後構造 ………………………102
有利子負債 …………………………76
ユーロ債 ……………………………102

ラ

利益分配金 …………………………108
利子 ………………………………………8
リスク ……………………………………50
リスク調整後割引率 …………………91
　　──法 …………………………91
利息 ………………………………………9
リターン ………………………………48
利付債 …………………………………22
利回り ……………………………………9
リミテッド・パートナー ……………108
リミテッド・パートナーシップ ……107
流通株式 ………………………………97
流通市場 ……………………………103
流動性リスク …………………………51
利（子）率 ……………………………8
リレバード化 …………………………86
理論価値（価格） …………………19, 29
累積的優先株式 ……………………101
累積投票 ………………………………99
劣後債 ………………………………102
レバレッジ比率 ……………………123

ワ

割引計算 ………………………………13
割引債 …………………………………22
割引ファクター ………………………10

《著者紹介》

菅野正泰（かんの・まさやす）

日本大学商学部・商学研究科教授。
早稲田大学理工学部卒業，一橋大学大学院国際企業戦略研究科経営・金融専攻修士課程修了 修士（経営）「金融戦略 MBA」，京都大学大学院経済学研究科経済動態分析専攻博士後期課程修了 博士（経済学）。
農林中央金庫にて，国際業務，市場業務，金融技術業務，IT 業務，調査業務などを担当後，新日本有限責任監査法人アーンスト・アンド・ヤングにて，主要金融機関・金融庁等に対するリスクアドバイザリー業務に従事する。アカデミアに移ってからは，コーポレート・ファイナンスを含むファイナンス分野の教育・研究に従事する。また，国内学会および国際学会の役員や公的機関のリスク管理・ファイナンス関連委員会の委員を多数務める。

主要著書

『信用リスク評価の実務』（中央経済社，2009 年），『リスクマネジメント』（ミネルヴァ書房，2011 年），『入門　金融リスク資本と統合リスク管理　第 2 版』（きんざい，2014 年），『経済価値ベースの ERM』（共著，中央経済社，2015 年）など。論文は Assessing systemic risk using interbank exposures in the global banking system, Journal of Financial Stability (Elsevier) 20, 2015, pp. 105-130. Macro stress test for credit risk, Journal of Risk Finance (Emerald) 16 (5), 2015, pp. 554-574. など多数。

（検印省略）

2017 年 4 月 10 日　初版発行
2018 年 4 月 10 日　二刷発行　　　　　　　　略称－実践コーポ

実践コーポレート・ファイナンス

著　者　菅 野 正 泰
発行者　塚 田 尚 寛

発行所　東京都文京区　**株式会社　創 成 社**
　　　　春日 2-13-1

電　話　03 (3868) 3867　　　F A X　03 (5802) 6802
出版部　03 (3868) 3857　　　F A X　03 (5802) 6801
http://www.books-sosei.com　振　替　00150-9-191261

定価はカバーに表示してあります。

©2017 Masayasu Kanno　　　組版：緑 舎　印刷：エーヴィスシステムズ
ISBN978-4-7944-2500-3 C3034　　製本：宮製本所
Printed in Japan　　　　　　　　落丁・乱丁本はお取り替えいたします。

——————————— 経 営 選 書 ———————————

実践コーポレート・ファイナンス	菅 野 正 泰		著	1,450 円
すらすら読めて 奥までわかるコーポレート・ファイナンス	内 田 交 謹		著	2,600 円
経 営 財 務 論 ―不確実性，エージェンシー・コストおよび日本的経営―	小 山 明 宏		著	2,800 円
経 営 戦 略 論 を 学 ぶ	稲 田 賢 次 伊 部 泰 弘 名 渕 浩 史 吉 村 泰 志		著	2,200 円
大学発バイオベンチャー成功の条件 ―「鶴岡の奇蹟」と地域 Eco-system ―	大 滝 義 博 西 澤 昭 夫		編著	2,300 円
経営情報システムとビジネスプロセス管理	大 場 允 晶 藤 川 裕 晃		編著	2,500 円
テ キ ス ト 経 営 ・ 人 事 入 門	宮 下 清		著	2,400 円
東 北 地 方 と 自 動 車 産 業 ―トヨタ国内第 3 の拠点をめぐって―	折 橋 伸 哉 目 代 武 史 村 山 貴 俊		編著	3,600 円
おもてなしの経営学 [実践編] ―宮城のおかみが語るサービス経営の極意―	東北学院大学経営学部 おもてなし研究チーム みやぎ おかみ会		編著 協力	1,600 円
おもてなしの経営学 [理論編] ―旅館経営への複合的アプローチ―	東北学院大学経営学部 おもてなし研究チーム		著	1,600 円
おもてなしの経営学 [震災編] ―東日本大震災下で輝いたおもてなしの心―	東北学院大学経営学部 おもてなし研究チーム みやぎ おかみ会		編著 協力	1,600 円
雇 用 調 整 の マ ネ ジ メ ン ト ―納得性を追求したリストラクチャリング―	辻 隆 久		著	2,800 円
転 職 と キ ャ リ ア の 研 究 ―組織間キャリア発達の観点から―	山 本 寛		著	3,200 円
昇 進 の 研 究 ―キャリア・プラトー現象の観点から―	山 本 寛		著	3,200 円
イ ノ ベ ー シ ョ ン と 組 織	首 藤 禎 史 伊 藤 友 章 平 安 山 英 成		訳	2,400 円

（本体価格）

——————————— 創 成 社 ———————————